河南省高校哲学社会科学基础研究重大项目
河南省非物质文化遗产科研课题

YIN SONG KE TANG

吟诵课堂

（初级）

陈江风　主编

·郑州·

图书在版编目（CIP）数据

吟诵课堂：初级／陈江风主编．—郑州：河南大学出版社，2021.9
ISBN978-7-5649-4855-9

Ⅰ．①吟… Ⅱ．①陈… Ⅲ．①古典诗歌－中国－中小学－教学参考资料　②文言文－中小学－教学参考资料
Ⅳ．① G634.303

中国版本图书馆 CIP 数据核字（2021）第 183657 号

责任编辑	段金卯
责任校对	孙增科
封面设计	王四朋

出　　版	河南大学出版社	
	地址　郑州市郑东新区商务外环中华大厦 2401 号	
	邮编　450046	
	电话　0371-86059701（营销部）	
	网址　hupress.henu.edu.cn	
排　　版	郑州市今日文教印制有限公司	
印　　刷	河南省诚和印制有限公司	
版　　次	2021 年 9 月第 1 版	
印　　次	2021 年 9 月第 1 次印刷	
开　　本	710mm×1000mm　1/16	印　张　14.75
字　　数	219 千字	定　价　39.00 元

（本书如有印装质量问题，请与河南大学出版社营销部联系调换）

前　　言

　　吟诵是我国传统的读书方式。过去读书都是文读——唱着读。唱着读不仅增强了文读和白话的区别，增强了对古诗文的记忆，而且大大增强了阅读者对古诗文的理解能力和表现能力。不仅如此，吟诵对传播文化的方式也十分讲究。我们知道，吟诵有多种多样的传播方式。如果按照大类分，可以分为"套调"吟诵和"字调"吟诵等不同的传播方式。

　　所谓"套调"，又叫"选调套吟"，说的是利用一种自创吟诵调或地方熟悉的小调，套用它们来吟诵众多诗文的吟诵方法。其最大的优点是学习者喜闻乐听，上手快捷，易于学习和吟诵，缺点是吟诵的适应面太窄。

　　所谓"字调"吟诵，说的是按照汉字的四声声调来确定诗文的乐音，要求乐音必须保持与字音一致的吟诵方法。在声调制约下形成吟诵旋律是"字调"最大的特点，也是"字调"吟诵与教学结合紧密的重要特征。其优点是保持经典和诗文在传承中的准确性，而且"字调"吟诵可以应用于包括散文、骈文、古诗词曲和格律诗在内的一切文体。本教材使用的就是"字调"吟诵的方法。

　　党的十八大以来，全国上下越来越重视对中华优秀传统文化的传承与发展。2017年1月25日中共中央办公厅、国务院办公厅发布《关于实施中华优秀传统文化传承发展工程的意见》，明确提出中华优秀传统文化教育要贯穿国民教育始终，以幼儿、小学、中学教材为重点，构建中华文化课程和教材体系，并在中小学实施中华经典诵读工程。中小学作为传统文化传承发展的重要阵地，伴随着基础教育改革的步伐，在中华传统文化教育中的地位和作用越来越突出。而语文学科作为"一门学习祖国语言文字运用的综合性、实践性课程"，在进行传统文化传承与发展教育中处于非常重要的地位。2011版《义务教育语文课程标准》要求学生在义务教育阶段背诵240篇优秀诗文，而到了2017年，义务教育阶段语文教材实行了国家统编、统审、统用，教材体例、选文内容都发生了很大变化，在义务教育阶段突出传统文化教育成为大家的共识。优秀的古诗文就是中华优秀传统文化的载体，最新的部编本小学教材中，把古诗文教学内容调整提升了80%，初中古诗文选篇内容占所有选篇的51.7%。古诗文教学要加强诵读教学，通过诵读展开想象，在诵读中通过语调、韵律、节奏体味作品内容、感情，感受汉语的优美，进而提升欣赏品味，提升学生应用民族语言的能力。吟诵作为古诗文传统的诵读方法，在帮助中小学生理解、背诵古诗词，提高语文教学效率方面具有重要作用。

吟诵归根到底是一种学习、教育方法。为了推动传统吟诵回归教育体系，充分发挥这一优秀文化遗产在教育教学中的作用，我们编写了这套丛书，一方面用来配合中小学的古诗文教学，另一方面用作高校师范生的吟诵课程教材，为吟诵的传承和推广培养后备人才。本丛书以部编本小学语文、初中语文教材为依据，编写了《吟诵课堂》系列教材。《吟诵课堂（初级）》收录了2017版人民教育出版社小学语文古代诗词62首，同时收录教材推荐的课外古诗词诵读篇目10首，对每首诗进行注音、吟诵节奏标注、课文讲解和吟诵重点提示。特别值得一提的是，本教材在正文中对每一首诗文附了字调吟诵曲谱，课后附有课文朗读及字调吟诵示例。在教材上公布字调的曲谱，是想给中小学教师的古诗诵读教学提供具体的参考和借鉴，同时希望对学生进行直接的指导和实践训练。后期计划继续推出《吟诵课堂（中级）》《吟诵课堂（高级）》，体例和体量与此大体一致。

清人徐大椿《乐府传声》说："古人作乐，皆以人声为本。《书》曰：'诗言志，歌咏言，声依咏，律和声，'人声不可辨，虽律吕何以和之？故人声存而乐之本自不没于天下。"讲的就是吟诵与中国之"乐"的关系。吟诵存而人声存，人声存而乐魂在。吟诵的实践即真实地反映这一关系。本教材采用的"字调"吟诵法，是一种遵循汉语"依字行腔""依义行调"的传统吟诵方法，是一种简易的带乐谱的诵读方法，是"人声存而乐之本自不没于天下"的具体写照。

大家学习吟诵，需要熟悉吟诵节奏的标注符号，以便于掌握吟诵的节奏。吟诵的规则一般因文体的不同而有所变化。从大的角度说，文体可以分为诗和文两类。诗分为古体诗和近体诗、词、曲；文分为古文、古赋和骈文、骈赋。由于文体不同，历代吟诵节奏的标注也有所变化。为照顾当今吟诵实际，本教材使用了中国吟诵学会秘书长徐健顺、副秘书长朱立侠等人借鉴前人经验设计的一套标注符号。略述如下：

以"横"（—）代表平声字，以"竖"（丨）代表仄声字。平仄有长短之分。

1. 平声标注。在格律诗中，一三五字的平声是短音，用"短平"（短横 -）标示；二四六字的平声是长音，用"中平"（中横 —）标示；韵脚处的平声最长，用"长平"（长横 ——）标示。

2. 仄声标注。仄声包含上、去、入三声。上、去声是短音，以竖线丨标示。在吟诵的时候，竖线时长基本相当于"短平"即短平声时长。入声最短，以竖线加一点!标示。因为入声属于仄声，所以也用竖线；竖线下部的点，表示读得短而重。

3. 词和曲的标注。除了平声韵，词和曲有押仄声韵的情况，词往往上、去通押，曲往往上、去分押。根据具体情况，如果是上、去通押，则用小于号 < 标示；如果是上、去分押的韵，则上声韵用对号 √ 标示，去声韵用下斜线 \ 标示。韵字都要依调拖长，而入声韵则要短促顿住。词、曲的入声韵也可顿住后再拖长。

4. 古体诗的标注。徐健顺先生在《我爱吟诵》中，对古体诗只标注入声字和韵脚；与徐先生不同的是，考虑到教学的实际需要，本书中的诗词全都做了符号标注。因为古体诗创作的时候也按照平仄格律进行，统一的吟诵规则也有入短韵长、依字行腔、依义行调、模进调式等。所不同的是近体诗只能押平声韵，而古体诗平仄韵都可以押。所以，当古体诗押平声韵的时候，标注方法与近体诗一样，还是以"长平"——标示。行文中，平声长吟用"中长"—，短吟用"短长"-。如果押的是仄声韵，根据上声、去声或入声的具体情况，分别标注。

综上，诗的吟诵符号归纳如下：

-	短平：一三（五）字之平声
——	中平：二四（六）字之平声
———	长平：押韵之平声
∨	上声韵
\	去声韵
|	上、去声
!	入声（含押韵处）
<	上、去通押韵

根据标注符号可知，平声的诵读分作短平、中平、长平，仄声分作上声、去声和入声。并且规定短平的长度和上声、去声一样长。按照这一规定，本篇使用的字调，在吟诵时对具体的音长遵循如下原则：

短平、上声、去声在吟诵中的时长为一拍。中平的时长为两拍。长平的时长为四拍。入声唱一拍，即三连音的三分之二拍加休止三分之一拍。

本教材的"字调"是以普通话为基本音调的。考虑到古今音变，以及古诗入声、音变等问题的延续性，入声按照《中原音韵》"入派三声"的原则标注，并配以！符号，用普通话发音。所不同的是，音长以三连音标示，唱音三分之二，休止三分之一拍。诗词中有些字的发音和目前普通话的音调有所不同，有的属于古代一字平仄两读，有的是一字异音异韵等，大体是为了照顾平仄规范。为帮助读者辨析该字在原诗中的词性和意义，读懂原诗的句意，判定诗句的律式，本书对这些异读字做了注音标注，请大家按照每篇第一页的注音读。这类字很少，在其出现的地方，各篇"导读"都有汉语拼音明确标注其与现代汉语的不同。

另外，关于"一"字的说明。"一"，现代汉语注音"yī"，在单念或在词句末尾时念原调。吟诵是有声调的活物，以声音为主，吟诵曲谱又必须依声调而记。因此，吟诵时必须唱出"变调"，才能不造成错误。变调有二。一、"一"在去声音节前变为阳平 yí。如：一道、一定、一致。二、"一"在阴平、阳平、上声前面时变为去声 yì。如：一端、一群、一举。特此说明。

本教材对于每首诗的用韵加以说明。古体诗和格律诗本书用的是《平水韵》，词曲采用清人戈载的《词林正韵》。

总之，本教材的语音以普通话的四声调为音乐基础，以三连音音符的方式保留古代入声的短音，发音维持普通话的完整性。具体说，它继承以阴阳两组四声调乐音来展现传统诗文的四声关系，即阳调高起四声：i—（一声）阴平、6̂1.（二声）阳平、3̂6（三声）上声、1̂3（四声）去声。阴调低起四声：6—（一声）阴平、5̂6.（二声）阳平、3̂5（三声）上声、6̂2（四声）去声。平声（一声、二声）时长两拍，仄声（三声、四声）时长一拍。阳调高起四声主要用于格律诗的诗文表达，阴调低起四声主要用于格律诗押韵的韵脚字和需要低、弱处理的诗文。1̂1̂0 6̂1̂0 3̂6̂0 1̂3̂0 一类三连音，表达入声字的唱音。

比如，唐代诗人李峤的《风》，前两句是"解落三秋叶，能开二月花"。第一句五个字的声调是"三声、入声、一声、一声、入声"，第一句的吟诵调就是 3̂6 1̂3̂0 i i— 1̂3̂0。第二句五字的声调是"二声、一声、四声、入声、一声（韵脚字）"，第二句的吟诵调就是 6̂1 i— 1̂3 1̂6̂0 6—5̂3.。请看，第一句五个字和第二句韵脚字以外的四个字都是使用的阳调，即 i—（一声）、6̂1.（二声）、3̂6（三声）、1̂3（四声），即凡是一声的汉字都唱 i—，凡是二声的汉字都唱 6̂1.，三声的汉字都唱 3̂6，四声则唱 1̂3。而第十个字是韵脚字，用阴调，把第一声唱成 6—，后面跟一个润腔 5̂3.，唱四拍结束，即主腔两拍，润腔两拍，来分配四拍时长。

因为有字调曲谱，所以前言规范有反复研读的必要，搞清楚规范，才容易学会。

本教材由陈江风主编。曲谱由陈江风吟诵并写谱。诗文普通话朗读由左丽娟朗读。前言由陈江风、韩丽霞执笔。文稿：韩丽霞、姚红彩、左丽娟、杜永青。教材打谱：宋丽娜。文字合成：姚红彩。教材体例有三。一、诗词正文加汉语拼音以及吟诵符号，以使读者知晓普通话的读音以及吟诵的高低变化。字音的古今变化在"导读"中标示；吟诵符号的区别依照前边所述。二、导读。含三部分：一为诗文大意，二为吟诵读法，三为韵书韵字。韵书因古代诗词用韵宽严有别，所以古体诗和近体诗用《平水韵》；古词曲用韵选用清人戈载的《词林正韵》。所用韵字一一注明出处。三、为方便读者，每篇诗文欣赏之后附有诗文吟诵谱，并随课本配有字调吟诵录音。

歌谱以文字形式随篇印刷,录音以二维码形式附在书后,可以随时听唱练习。

本书是由杜红亮、陈江风教授等人申报的河南省高等学校哲学社会基础研究重大项目《河南吟诵研究》(序号 2020-JCZD-22)和河南省文化厅非物质文化遗产项目《河南吟诵保护与新媒体传播途径研究》的研究成果。项目旨在研究河南吟诵的保护现状,"字调"的吟诵调式展示,唱诵版本的誊写,以及利用新媒体传播的途径的可行性尝试,等等。这一探索得到了河南大学出版社的大力支持,在王四朋、范昕等编辑的创造性劳动和辛苦努力下得到了实现。本书又是 2021 年度河南省高校人文社会科学研究一般项目《以高校为依托传承创新吟诵文化的途径和方法探索》(项目编号:2021-ZDJH-167)阶段性研究成果。非常感谢学术界各位朋友对本书出版的大力支持!感谢中原科技学院理事长李香枝女士和仉建涛理事、冯蔚女士对吟诵事业所给予的大力支持,没有大家的努力,就没有本书的问世。感谢社会各界对本书出版所寄予的厚望,望社会各界继续关注并提出宝贵修改意见。愿吟诵事业在社会大力关注下蓬勃发展,蒸蒸日上!

目 录

一	江　南	汉乐府	1
二	画	〔唐〕王　维	4
三	静　夜　思	〔唐〕李　白	7
四	三字经（节选）	〔宋〕王应麟	10
五	池　上	〔唐〕白居易	15
六	小　池	〔宋〕杨万里	18
七	登鹳雀楼	〔唐〕王之涣	21
八	望庐山瀑布	〔唐〕李　白	24
九	夜宿山寺	〔唐〕李　白	27
十	敕　勒　歌	北朝民歌	30
十一	村　居	〔清〕高　鼎	33
十二	咏　柳	〔唐〕贺知章	36
十三	晓出净慈寺送林子方	〔宋〕杨万里	39
十四	绝　句	〔唐〕杜　甫	42
十五	山　行	〔唐〕杜　牧	45
十六	赠刘景文	〔宋〕苏　轼	48
十七	夜书所见	〔宋〕叶绍翁	51
十八	望天门山	〔唐〕李　白	54
十九	饮湖上初晴后雨	〔宋〕苏　轼	57
二十	望　洞　庭	〔唐〕刘禹锡	60
二十一	绝　句	〔唐〕杜　甫	63
二十二	惠崇春江晚景	〔宋〕苏　轼	66

二十三	三衢道中	〔宋〕曾 几	69
二十四	元 日	〔宋〕王安石	72
二十五	清 明	〔唐〕杜 牧	75
二十六	九月九日忆山东兄弟	〔唐〕王 维	78
二十七	暮江吟	〔唐〕白居易	81
二十八	题西林壁	〔宋〕苏 轼	84
二十九	雪 梅	〔宋〕卢 钺	87
三十	出 塞	〔唐〕王昌龄	90
三十一	凉州词	〔唐〕王 翰	93
三十二	夏日绝句	〔宋〕李清照	96
三十三	四时田园杂兴（其二十五）	〔宋〕范成大	99
三十四	宿新市徐公店	〔宋〕杨万里	102
三十五	清平乐·村居	〔宋〕辛弃疾	105
三十六	芙蓉楼送辛渐	〔唐〕王昌龄	108
三十七	塞下曲	〔唐〕卢 纶	111
三十八	墨 梅	〔元〕王 冕	114
三十九	示 儿	〔宋〕陆 游	117
四十	题临安邸	〔宋〕林 升	120
四十一	己亥杂诗	〔清〕龚自珍	123
四十二	山居秋暝	〔唐〕王 维	126
四十三	枫桥夜泊	〔唐〕张 继	130
四十四	长相思	〔清〕纳兰性德	133
四十五	四时田园杂兴（其三十一）	〔宋〕范成大	136
四十六	稚子弄冰	〔宋〕杨万里	139
四十七	村 晚	〔宋〕雷 震	142
四十八	从军行	〔唐〕王昌龄	145
四十九	秋夜将晓出篱门迎凉有感	〔宋〕陆 游	148
五十	闻官军收河南河北	〔唐〕杜 甫	151
五十一	宿建德江	〔唐〕孟浩然	155

五十二	六月二十七日望湖楼醉书	〔宋〕苏　轼	158
五十三	西江月·夜行黄沙道中	〔宋〕辛弃疾	161
五十四	浪淘沙	〔唐〕刘禹锡	166
五十五	江南春	〔唐〕杜　牧	169
五十六	书湖阴先生壁	〔宋〕王安石	172
五十七	寒　食	〔唐〕韩　翃	175
五十八	迢迢牵牛星	〔汉〕佚　名	178
五十九	十五夜望月	〔唐〕王　建	181
六十	马　诗	〔唐〕李　贺	184
六十一	石灰吟	〔明〕于　谦	187
六十二	竹　石	〔清〕郑　燮	190
六十三	诗经·小雅·采薇（节选）		193
六十四	送元二使安西	〔唐〕王　维	196
六十五	春夜喜雨	〔唐〕杜　甫	199
六十六	早春呈水部张十八员外	〔唐〕韩　愈	202
六十七	江上渔者	〔宋〕范仲淹	205
六十八	泊船瓜洲	〔宋〕王安石	208
六十九	游园不值	〔宋〕叶绍翁	211
七十	卜算子·送鲍浩然之浙东	〔宋〕王　观	214
七十一	浣溪沙	〔宋〕苏　轼	217
七十二	清平乐	〔宋〕黄庭坚	220

一

江南

汉乐府

江南可采莲,
莲叶何田田。
鱼戏莲叶间。
鱼戏莲叶东,
鱼戏莲叶西,
鱼戏莲叶南,
鱼戏莲叶北。

【导读】

　　本诗是汉乐府中的一首采莲歌，是一首古体诗，反映了采莲时的光景和采莲人欢乐的心情。在江南采莲的季节，水面上碧绿的莲叶一眼望不到边。在亭亭如盖的荷叶下面，欢快的鱼儿游来游去，一会儿嬉戏在莲叶东面，一会儿嬉戏在莲叶西面，一会儿嬉戏在莲叶南面，一会儿嬉戏在莲叶北面。

　　汉乐府诗采自民间，用韵自由。诗分两段，前三句为第一段，"莲""田""间"三个韵脚连续押韵，读时适当拖长音调，以表现喜悦的情感。后四句为一段，以"东西南北"贯穿，全不押韵，格调比较自由。吟诵时，可以将"南"字长吟，把鱼儿的悠然自得和采莲人在湖中泛舟来往、清歌应和的情景展现出来。结尾的"北"是入声字，要开口即收，先做短暂停顿，然后拖长，这是吟诵时处理入声字拖腔的技法。这样既突出了入声字发音短促的特点，又将鱼儿欢快戏耍、一会儿就游得无影无踪的情景表现了出来。

　　全诗语言明朗，格调清新，适合用轻快跳跃的节奏来吟诵。

　　用韵：下平声一先韵；韵字：莲、田。上平声十五删韵，韵字：间。

江　南

1=♭E

前慢后快

汉乐府

$\dot{1}$ 6 $\dot{1}$　5 6　3 5　5　　6. | 5 6 $\dot{1}$ 3 0　5 6　6 $\dot{1}$　6　5. |
江　南　可 采　莲，　　莲　叶　　何　田　田。

5 6 $\dot{1}$ 3　5 6 $\dot{1}$ 3 0　$\dot{1}$　- | 6 $\dot{1}$ $\dot{1}$ 3　5 6 $\dot{1}$ 6　0 5　- |
鱼 戏 莲 叶　　间。　　　鱼 戏 莲　叶　间。

‖: 5 6 $\dot{1}$ 3　5 6 $\dot{1}$ 3 0　$\dot{1}$　0 | 5 6 $\dot{1}$ 3　5 6 $\dot{1}$ 3 0　5　0 |
　鱼 戏 莲 叶　东，　　鱼 戏 莲 叶　西，

5 6 $\dot{1}$ 3　5 6 $\dot{1}$ 3 0　5 6. | 5 6 $\dot{1}$ 3　5 6 $\dot{1}$ 3 0　3 3 0　6 0 :‖ 3 3 0 6 - - ‖
鱼 戏 莲 叶 南，　鱼 戏 莲 叶　　　　北。　　　　北。

二

画

〔唐〕王维

远看山有色，
近听水无声。
春去花还在，
人来鸟不惊。

【导读】

　　这是一首流传久远的格律诗。相传为唐代诗人王维（701—761年）所作。此诗描写的是自然景物，赞叹的却是一幅画。前两句写其山色分明，流水无声；后两句描述其花开四季，鸟不怕人。四句诗构成了一幅完整的山水花鸟图。

　　这是一首平起仄收首句不入韵的五言绝句。按照格律要求，第一句第一字"远"应平而仄，第三句第一字"春"应仄而平，根据五言格律诗"一三不论、二四分明"的原则,这两个字无须补救。按照吟诵五言诗的要求,吟诵时第一句的第二字、第二句的第四字、第三句的第四字、第四句的第二字应长吟,即长吟节奏为"二、四、四、二"。

吟诵是声音的艺术,讲究声韵和谐。第一句的平仄是"平平平仄仄",故"远看"的"看"字在一字两读的情况下应读阴平声"kān",否则不符合格律要求。"色"字是入声字,要读得短促而惊喜,把远山含笑、红湿绿垂的自然美景带到听众面前。第二句第二字"听"字古时也是一字两读,因此"听"在"仄仄仄平平"的句式中必须读去声"tìng"才符合格律,韵字"声"要长吟。第三句"还"字要重读并长吟,此句给我们描绘了一幅"春尽花犹艳,只是在画中"的静景图,吟诵时要把诗人美而伤怀的感触体现出来。第四句的"来"是平声,当长吟,"不"是入声字,要读得短促,"惊"字节奏拖长,把诗人"青春已尽,岁月已逝"的感叹表达出来。全诗对仗工整,尤其是诗中运用了多组反义词,吟诵时要注意节奏清晰,吟出朗朗上口的感觉。

用韵:下平声八庚韵;韵字:声、惊。

画

〔唐〕王维

1=♭E

```
3 5 6 - | 1  3 5 1 6 0 0 |
远 看／  山 有 色，

1 3 1 6 3 5 5 6. | 6 - 6 5. |
近 听 水 无／ 声。

1 1 3 6 5 6. | 1 3 0 |
春 去 花 还／ 在，

5 6 5 6. 3 5 1 3 0 | 6 - 6 5. ‖
人 来／ 鸟 不 惊。
```

三

静夜思

〔唐〕李白

床前明月光，
疑是地上霜。
举头望明月，
低头思故乡。

【导读】

本诗是唐代诗人李白（701—762年）的一首有乐府渊源的五言古绝句，属于古体诗。诗中描写在寂静的月夜思念家乡的感受。前两句写诗人将床前的清冷月光误作铺在地面的浓霜，烘托出诗人漂泊他乡的孤寂凄凉之情。后两句写在"举头"和"低头"之间，思乡之情油然而生，勾勒出一幅生动形象的月夜思乡图。

这是一首五言古绝，它的吟诵规则与五言绝句的吟诵规则不同。吟诵的停顿处是第一句的第二个字、第三句的第二个字、第四句的第二个字。

这是一首思乡的诗，用清冷的月光来衬托诗人的孤独。吟诵时总体节奏要放慢。第一句以平为主，"床"字要强调，"明月光"三字，"明"字要适当重读，"光"字长吟，突出宁静的环境。第二句以降调为主，"是"为仄声，适当重读；"霜"要长吟：一方面突出月光的冰冷洁白，另一方面点明季节——秋天是团圆的季节，暗示诗人的思乡之情。第三、第四两句的"头"都要长吟，要把游子对家乡的深深思念表达出来。"乡"是韵字，要长吟，把浓浓的乡愁表达出来。这首诗押的是阳韵，是最为开阔的一个韵，吟诵时要吟出辽远之感，孤独之意。

用韵：下平声七阳韵；韵字：光、霜、乡。

静 夜 思

1=♭E　　　　　　　　　　　　　　　　　　　　〔唐〕李白

$\underline{5}$ $\underline{6}$ $\underline{5}$ $\underline{6}$· | $\underline{6}$ $\underline{1}$ $\overset{3}{\underline{1\ 3}}$ 0 | 6 — $\underline{6}$ 5· |
床　前　明　月　　光，

$\underline{5}$ $\underline{6}$ $\underline{1}$ $\underline{3}$ | $\underline{1}$ $\underline{6}$ $\underline{1}$ $\underline{3}$ | 6 — $\underline{6}$ 5· |
疑　是　地　上　　　　霜。

$\underline{3}$ $\underline{5}$ $\underline{5}$ $\underline{6}$· | $\underline{1}$ $\underline{3}$ $\underline{5}$ $\underline{6}$· | $\overset{3}{\underline{1\ 3}}$ 0 0 |
举　头　　望　明　　　　月，

6 $\underline{5}$ $\underline{6}$· 6 | $\underline{1}$ $\underline{3}$ 6 — | $\underline{6}$ 5· ‖
低　头　思　故　　　　　乡。

四

三字经(节选)

〔宋〕王应麟

人之初,性本善。
性相近,习相远。
苟不教,性乃迁。
教之道,贵以专。
昔孟母,择邻处。
子不学,断机杼。
窦燕山,有义方。

jiào wǔ zǐ，míng jù yáng
教五子，名俱扬。

yǎng bú jiào，fù zhī guò
养不教，父之过，

jiào bù yán，shī zhī duò
教不严，师之惰。

zǐ bù xué，fēi suǒ yí
子不学，非所宜。

yòu bù xué，lǎo hé wéi
幼不学，老何为。

yù bù zhuó，bù chéng qì
玉不琢，不成器。

rén bù xué，bù zhī yì
人不学，不知义。

【导读】

《三字经》是南宋著名教育家王应麟（1223—1296年）的名作。王应麟晚年为教育本族子弟读书求学，编写了一本融汇中国文化精粹的“三字歌诀”，其中所包含的信息和义理，都是其他许多蒙学读物比不上的。故此，只有这本蒙学读物被称作“经”。它是我国影响最大、最有代表性的古代童蒙读物之一，被誉为“千古第一奇书”。

节选部分以孟子的母亲和窦燕山为例，说明教育和学习对儿童成长的重要性。由着自己的性子完全放开，是很难抵御来自环境和他人的干扰的，更难以完成自己的人生目标，相反如果后天教育及时，方法正确，孩子经过不断的学习和锤炼，就会获得精神的强健和灵魂的自由。

　　全文每句都由三个字组成，吟诵时前两字每字一拍，尾字两拍，每三字形成"1拍+1拍+2拍"的吟诵节奏。全文吟诵时可分为三段：从"人之初"到"贵以专"为第一段，从"昔孟母"到"名俱扬"为第二段，从"养不教"到"不知义"为第三段。每一段尾字的吟诵要拖长至四拍，表明一个意思相对完整的段落的结束。这样一来，句有句的节奏，段有段的间隔，形成一个快慢相间、循环往复、周而复始的整体。吟诵时要吟出那种节奏鲜明、活泼轻快的特点。

　　用韵：上声十六铣韵；韵字：善。上声十三阮韵；韵字：远。下平声一先韵；韵字：迁、专。上声六语韵；韵字：处、杼。下平声七阳韵；韵字：方、扬。去声二十一箇韵；韵字：过。上声二十哿韵；韵字：惰。上平声四支韵；韵字：宜、为。去声四寘韵；韵字：器、义。

三字经（节选）

〔宋〕王应麟

1=♭E

6 i i i - | i 6 3 i 6 5 | i 3 i i 6 0 |
人 之 初， 性 本 善。 性 相 近，

5 6 0 6 3 5 | 3 5 6 i 0 i 6 | i 3 3 5 6 5 |
习 相 远。 苟 不 教， 性 乃 迁。

i 3 i i 6 | i 3 3 5 6 - 6 5. | i i 0 i 6 3 5. |
教 之 道， 贵 以 专。 昔 孟 母，

5 6 0 6 i 3 5. | 3 5 i 3 0 6 i 0 0 | i 3 6 i 5 |
择 邻 处。 子 不 学， 断 机 杼。

i 3 6 i - | 3 5 i 3 6 5 | i 3 3 5 3 5 |
窦 燕 山， 有 义 方。 教 五 子，

6 i i - 5 6. 6 5. | 3 5 6 i 0 i 6 | i 3 i i 6 |
名 俱 扬。 养 不 教， 父 之 过。

```
1 3  1 6 0 5 6 | 2 2 2 1 | 3 5  1 3 0 5 6 0 0 |
```
教不严，师之惰。子不学，

```
6 3 5 6 5 | 1 3 1 6 0 5 6 0 0 | 3 5 5 6 5 6 6 5 |
```
非所宜。幼不学，　老何为。

```
1 3 0 1 6 0 5 6 0 0 | 1 3 0 5 6 1 5 |
```
玉不琢，　　　不成器。

```
5 6 1 3 0 5 6 0 0 | 1 3 0 6 1 5 - - ‖
```
人不学，　　　不知义。

五

池上

〔唐〕白居易

小娃撑小艇,
偷采白莲回。
不解藏踪迹,
浮萍一道开。

【导读】

本诗是唐代诗人白居易（772—846年）的格律诗作品，写小孩子偷偷乘船去采莲的过程和童趣。莲花盛开的夏日里，天真活泼的儿童撑着一条小船，偷偷去池中采摘白莲。采到莲花后兴高采烈，早已忘记自己是瞒着大人悄悄去的，不懂得隐藏自己的踪迹，大摇大摆地划着小船回来。小船把水面上的浮萍轻轻荡开，留下了一道清晰明显的水路痕迹。

这是一首平起仄收首句不入韵的五言绝句。此诗格律工整，只有第一句的第一个字"小"应平而仄,第二句的第一个字"偷"应仄而平。根据"一三(五)不论"的原则,这两处均属于可变通现象。全诗采用"二、四、四、二"的吟诵节奏,除韵字"回""开"外,第一句的第二个字"娃",第二句的第四个字"莲",第三句的第四个字"迹",第四句的第二个字"萍"均要长吟。

因为这是一首描写儿童的诗作,诵读时要保持亲切、轻松、欢快的情感。前两句是描写小娃偷偷撑船采莲的过程,诵读时语气稍微平淡一些。第一句用了三个上声字,婉转之音中饱含着珍爱之意。"撑"虽然不在节奏点上,但它是平声,此处可以长吟,把撑船的过程表现出来。第二句"偷采"二字可轻轻滑过,读出大人对这件事的疏忽。"回"字在这里读为"huái",与"开"同韵。后两句要把大人得意扬扬、带有嘲笑孩子的口吻表达出来,吟诵时更应保持一种轻松、愉悦,甚至调侃的语气。第三句开头和结尾都用入声字,用短音来强调小孩儿的疏漏,也说明了孩子的天真。"藏"字虽然不在节奏点上,但语气适当长吟,表示强调。"萍"字在节奏点上,本来就应该长吟,是浮萍的"一道开"泄露了天机,所以"开"字也应该长吟,且"开"是韵字,要在长吟中把扬扬自得的感受表现出来。

用韵:上平声十灰韵;韵字:回、开。

池　　上

1=♭E　　　　　　　　　　　　　　　　〔唐〕白居易

3 5	5 6.	1̇	3 5	3 5.
小 娃	/	撑	小 艇，	

1̇　3 5　5 6 0　5 6.　|　5 6.　6 5.　‖
偷 采 白 莲　/　回。

1̇ 3 0　3 5　5 6　1̇ —　1̇ 3 0 0
不 解 藏 踪 / 迹，

5 6　5 6.　6 1̇ 0　1̇ 3　6 —　6 5.　‖
浮 萍 / 一　道　开。

六

小池

〔宋〕杨万里

泉眼无声惜细流,
树阴照水爱晴柔。
小荷才露尖尖角,
早有蜻蜓立上头。

【导读】

本诗是南宋诗人杨万里(1127—1206年)创作的一首写景格律诗。作者运用丰富、新颖的想象和拟人的手法,细腻地描写了小池周边自然景物的特征和变化,表现了诗人对自然情趣的瞬间感受。第一句写小池有活水相通,衬托小池之静。次句写小池之上有一抹绿荫相护,在静态的无生命之物中,用灵动的生命来点缀。第三句写小荷出水与小池相伴。结句写蜻蜓有情,飞来与小荷为伴。最后两句把相映成趣的小荷与蜻蜓,写得生趣昂然，表现了诗人对大自然景物的热爱之情。

  这是一首仄起平收首句入韵的七言绝句。按格律要求，第一句第一字"泉"应仄而平，第二句第一字"树"应平而仄，两例都在"一三五不论"的位置上，均可变通。第三句第一字"小"应平而仄，由第三字"才"应仄而平作为补救。全诗采用"四、二六、二六、四"的吟诵节奏。第一句的第四个字"声"，第二句的第二个字"阴"、第六字"晴"，第三句的第二个字"荷"、第六字"尖"，第四句的第四个字"蜓"均要长吟。

  这首诗的总体格调清新平淡，活泼自然。第一句调子不宜太高。"声"位于节奏点，用低音长吟。"流"是韵字，应该长吟，音调也适当放低，把泉水一直在涓涓流淌的意境渲染出来。第二句的节奏点在"阴"字上，应该低声长吟，突出树荫下轻柔的景色。吟诵"柔"尽量曲婉一些，以表现诗人对自然环境的喜爱之情。第三句的节奏点"荷"字应该长吟，第六个字"尖"字，是平声，应适当长吟，表现出诗人对"尖尖角"的小荷由衷的喜爱和赞叹之情。第四句"蜻蜓"二字声音可适当放低，营造一种蹑手蹑脚，怕惊到蜻蜓的艺术氛围。

  用韵：下平声十一尤韵；韵字：流、柔、头。

小 池

1=♭E 〔宋〕杨万里

$\widehat{5\ 6}\ \widehat{3\ 5}\ \widehat{5\ 6}\ \widehat{\dot{1}\ -}\ \overset{3}{\widehat{\dot{1}\ \dot{1}\ 0}}\ \widehat{\dot{1}\ 3}\ \widehat{5\ 6.}\ \widehat{6\ 5.}\ |$
泉 眼 无 声 / 惜 细 流,

$\widehat{\dot{1}\ 3}\ \widehat{\dot{1}\ -}\ \widehat{\dot{1}\ 3}\ \widehat{3\ 5}\ \widehat{\dot{1}\ 3}\ \widehat{5\ 6.}\ \widehat{5\ 6.}\ \widehat{6\ 5.}\ |$
树 阴 / 照 水 爱 晴 / 柔。

$\widehat{3\ 5}\ \widehat{5\ 6.}\ \widehat{5\ 6}\ \widehat{\dot{1}\ 3}\ \widehat{\dot{1}\ \dot{1}}\ -\ \overset{3}{\widehat{3\ 5\ 0}}\ 0\ |$
小 荷 / 才 露 尖 尖 / 角,

$\widehat{3\ 5}\ \widehat{3\ 6}\ \widehat{6\ \ }\ \widehat{5\ 6.}\ \overset{3}{\widehat{\dot{1}\ 3\ 0}}\ \widehat{\dot{1}\ 3}\ \widehat{5\ 6.}\ \widehat{6\ 5.}\ \|$
早 有 蜻 蜓 / 立 上 头。

七

登鹳雀楼

〔唐〕王之涣

白日依山尽，
黄河入海流。
欲穷千里目，
更上一层楼。

【导读】

本诗是盛唐诗人王之涣（688—742年）的一首登临格律诗，在登高望远中表现出不凡的胸襟抱负，反映了盛唐时期人们积极向上的进取精神。首句实写遥望一轮落日沉没在连绵起伏的群山中，次句虚写黄河奔腾咆哮、滚滚而来，后又在远处流归大海。后两句以精辟的语言道出了登高才能望远的道理。全诗含意深远，耐人寻味。

这是一首仄起仄收首句不入韵的七言绝句。整首诗格律比较工整，只有第三句的第一个字"欲"应平而仄。根据"一三（五）不论"的原则，此处可变通。全诗采用"四二二四"的吟诵形式，第一句的第四个字"山"，第二句的第二个字"河"，第三句的第二个字"穷"，第四句的第四个字"层"以及第二句的韵字"流"和第四句的韵字"楼"均要长吟。

　　这首诗的总的情感走向是由激昂过渡到理性。第一句调子须起得高昂。从"白日"到"依山尽"音调由高向下滑动。"依"字在五言诗的第三个字的位置上，又是平声，故可以在不影响节奏点长吟的前提下适当长吟。第二句"河"字长吟，不仅是因为"河"字在节奏点上，而且通过长吟，才能表现出黄河一泻千里的气势。第三句由对现实的描写转为理性的思考，故音调可适当放低，"千"字可适当长吟，表达千里遥远之感。最后一句"更上"二字不能长吟，只能用提升音高的方法来表现了。"一层楼"要吟得慢一些，表明是在给读者讲道理，有循循善诱的意味。

　　用韵：下平声十一尤韵；韵字：流、楼。

登鹳雀楼

1=♭E　　　　　　　　　　　　　　　〔唐〕王之涣

$\underset{白}{5}\ \underset{日}{\overset{3}{6}}\ 0\ \ \underset{依}{\dot{1}}\ \underset{山}{\overset{3}{3}}\ 0\ \ \underset{/}{\dot{1}}\ \ \underset{尽,}{\dot{1}}\ -\ \ \dot{1}\ 6\ 0\ |$

黄河／入海流。
5 6 5 6.　1̇ 3 0 3 5　5 6.　6 5. |

欲穷／千里目，
1̇ 3 0 6 1̇.　1̇　3 5 1̇ 6 0 0 |

更上一层／楼。
1̇ 3 1̇ 6 1̇ 3 0 5 6.　5 6.　6 5. ‖

八

望庐山瀑布

〔唐〕李白

日照香炉生紫烟,
遥看瀑布挂前川。
飞流直下三千尺,
疑是银河落九天。

【导读】

本诗是唐代大诗人李白（701—762年）的代表作。这首格律诗前两句描绘了庐山瀑布的奇伟景象，既有朦胧美，又有雄壮美；后两句用夸张的比喻和浪漫的想象，进一步描绘庐山瀑布奇丽雄伟的独特风姿。此诗想象丰富，虚实相生，情景交融，反映了李白胸襟开阔、超群脱俗的精神面貌。

这是一首仄起平收首句入韵的七言绝句。整首诗格律比较工整，只有第一句的第五个字"生"应仄而平，第四句的第一个字"疑"应仄而平，这两处均可变通。全诗采用"四、二六、二六、四"的吟诵形式。第一句第四字"炉",第二句第二字"看"和第六字"前",第三句第二字"流"和第六字"千",第四句的第四个字"河"以及韵字"烟""川"和"天"均要长吟。

这首诗总的感情基调是兴奋、喜悦。第一句的起调应该稍微偏高,表现目睹祖国壮丽河山的激动喜悦。吟诵时,除"炉""烟"要长吟外,"生"是平声字,虽处在七言诗的第五字位置上,要适当长吟。把"生"字读活了,全句就活了。第二句"看"一字两读,依格律必须读为平声"kān","川"是韵字,要长吟。"挂"是仄声字,要读得重而短促,把瀑布高悬空中的效果凸显出来。第三句的"流"是韵字,应该长吟,读出瀑布飞湍的效果。"直下"二字为入声去声,不宜长吟,要读得快而有力。"三"是平声字,适当长吟,可以突出瀑布之高、水流之长。第四句"疑是"读高音,强调怀疑。"银河"二字都是平声,适当长吟,表明庐山瀑布来自天上,与前一句"三千尺"遥相呼应;"落"是入声字,要读得重而短促。"天"是韵字,应长吟,将瀑布直落九天的气势表现出来。

用韵:下平声一先韵;韵字:烟、川、天。

望庐山瀑布

〔唐〕李白

1=♭E

$\overset{3}{\widehat{1\ 3\ 0}}\ \widehat{1\ 6}\ \dot{1}\ \underline{6}\ \dot{1}.\ 6\ \underline{3\ 5}\ 6\ -\ \underline{6}\ 5.\ |$
日　照　香　炉 / 生　紫　　烟，

$\underline{5\ 6}\ \dot{1}\ -\ \overset{3}{\widehat{1\ 3\ 0}}\ \widehat{1\ 6}\ \dot{1}\ \underline{3}\ 5\ 6.\ 6\ -\ \underline{6}\ 5.\ |$
遥　看 / 瀑　　布　挂　前 / 川。

$\dot{1}\ \underline{6}\ \dot{1}.\ -\ \underline{5\ 6\ 0}\ \dot{1}\ \underline{3}\ 6\ 6\ -\ \overset{3}{\widehat{3\ 5\ 0}}\ 0\ |$
飞　流 / 直　下　三　千 / 尺，

$\widehat{\underline{6}\ \dot{1}}.\ \dot{1}\ \underline{3}\ 5\ \widehat{6\ \underline{5}}\ 6.\ -\ \overset{3}{\widehat{1\ 3\ 0}}\ \underline{3}\ 5\ 6\ -\ \underline{6}\ 5.\ \|$
疑　是　银　河 / 落　　九　天。

九

夜宿山寺

〔唐〕李白

危楼高百尺，
手可摘星辰。
不敢高声语，
恐惊天上人。

【导读】

本诗是唐代诗人李白（701—762年）的一首记游写景诗。全诗无一生僻字，却字字惊人，堪称"平字见奇"的绝世佳作。诗人借助大胆想象，渲染山寺之奇高，把山寺的高耸和夜晚的恐惧写得很逼真，从而将一座几乎不可想象的宏伟楼宇呈现在读者面前，给人身临其境的感觉。摘星辰、惊天人，这些仿佛是童稚的想法，被诗人信手拈来，用入诗中，让人顿感情趣盎然，有返璞归真之妙。

这是一首平起仄收首句不入韵的五言绝句。前三句诗格律比较工整，只有尾句的第一个字"恐"应平而仄，为了避免孤平，在本来应用仄声的第三字的位置用了平声字"天"来补救，即"一拗三救救孤平"。全诗采用"二、四、四、二"的吟诵节奏，第一句的第二个字"山"，第二句的第四个字"星"，第三句的第四个字"声"，第四句的第二个字"惊"以及第二句的韵字"辰"和第四句的韵字"人"均要长吟。

　　第一句的起调应该稍微偏高，"危"和"高"要读得高而长。要把山寺的峻峭挺拔、高耸入云、雄视寰宇的非凡气势淋漓尽致地展现出来。"百尺"均为入声字，要吟得短促。第二句以极其夸张的技法来烘托山寺之高耸云霄。"可"虽是仄声，此处读轻盈一些，将读者的审美视线引向星汉灿烂的夜空，要吟出那种旷阔之感。"星辰"是平声字，要长吟并且语气舒缓一些，以突出夜空的美丽。三、四两句，"不敢"二字的声调是入声＋去声，不宜长吟，要读得快而有力，要吟出诗人夜临"危楼"时内心的担忧。"惊"是平声，适合长音吟诵。"人"是韵字，应长吟。这两句要把诗人站在楼顶不敢大声说话，唯恐惊动了天上仙人的心理凸显出来。李白的诗风飘逸雄健，想象极其丰富，语言自然婉转，音律富于变化而又和谐统一，具有浓郁的浪漫主义色彩。此诗吟诵时要把诗人的天真、率直之情表达出来。

　　用韵：上平声十一真韵；韵字：辰、人。

夜宿山寺

1=♭E 〔唐〕李白

```
 6  5 6.  1    6 1 0  3 5 0  0 |
 危  楼 / 高    百      尺,

 3 6  3 5  6 6 0  1 -  5 6.  6 5. |
 手 可  摘 星  辰。

 1 6 0  3 5  1   1 -   3 5. |
 不 敢  高 声  / 语,

 3 5 6 - 6  1 3  5 6.  6 5. ‖
 恐 惊 / 天   上  人。
```

十

敕勒歌

北朝民歌

敕勒川，阴山下。
天似穹庐，笼盖四野。
天苍苍，野茫茫，
风吹草低见牛羊。

【导读】

　　《敕勒歌》是南北朝时期北方敕勒族的一首民歌。敕勒族是维吾尔族的主要族源，南北朝时相当繁盛。这首民歌勾勒了北国草原壮丽富饶的风光，抒写敕勒人热爱家乡热爱生活的豪情。在敕勒川阴山下的茫茫大草原上，蓝天好似一个巨大的笼罩大地的蒙古包，一望无际的草原犹如绿色的海洋。一阵风吹过，茂盛的草低下头去，呈现出成群的牛羊。诗歌极力突出天空之辽远、原野之碧绿，显现出游牧民族博大的胸襟，也让我们感受到敕勒族豪放热情的性格和骁勇善战的特点。

这是一首北朝乐府民歌。"下""野"押仄声韵，在"笼盖四野"中的"野"押韵读作"yǎ"。"野茫茫"中的"野"不作为韵字，所以不作规定。"见"，是"现"的古字，读作"xiàn"。这首诗前两句押一个韵，后三句押一个韵，后韵的读音比前韵更为舒缓悠长，适合诗歌由壮阔之景转为悠悠抒情的结构。

吟诵时，前两句"敕勒川，阴山下"起调要高一些，把诗人放牧敕勒川的喜悦兴奋表现出来。"天似穹庐，笼盖四野"是全诗的高潮，更应引颈高歌，把大草原的开阔景象和敕勒人的豪迈性格表现出来。从"天苍苍，野茫茫"开始，吟诵音调由高亢转为辽远，展现诗人对天远地阔之景的咏叹。最后一句叙写草原之魂，"风吹草低见牛羊"一句要吟得抑扬顿挫且尾音悠长，这样方能吟出雄浑豪放和富足自豪的感觉。

用韵：上声廿一马韵；韵字：下、野。下平声七阳部；韵字：苍、茫、羊。

敕勒歌

1=♭E 北朝民歌

$\widehat{\overset{3}{1\ 3}}\ 0\ \widehat{\overset{3}{1\ 6}}\ 0\ \widehat{1\ -\ 0}\ |\ 1\ 1\ -\ \widehat{1\ 6}\ 0\ |$
敕　勒　　川，　　　　阴　山　　下。

$6\ \widehat{1\ 3}\ \widehat{5\ 6}\ \widehat{6\ \dot1}.\ |\ \widehat{3\ 5}\ \widehat{1\ 6}\ \widehat{1\ 3}\ 3\ 5.\ |$
天　似　穹　庐，　　笼　盖　四　野。

$\dot1.\ \widehat{2\ \dot1}\ 7\ 7\ 0\ |\ \widehat{3}\ 5.\ 6\ 6\ 0\ |$
天　　苍　苍，　　野　　茫　茫，

$1\ 1\ -\ \widehat{3\ 5\ 6}\ -\ \widehat{1\ 3}\ \widehat{5\ 6}\ \widehat{6\ \dot1}-\ |\ \widehat{2\ 1}\ 1\ 6\ -\ -\ -\ ‖$
风　吹　草　低　见　牛　羊。见　牛　羊。

十一

村居

〔清〕高鼎

草长莺飞二月天,
拂堤杨柳醉春烟。
儿童散学归来早,
忙趁东风放纸鸢。

【导读】

本诗是清代诗人高鼎(1828—1880年)在乡村居住时写下的一首格律诗,描写了初春时节醉人的乡村风光和放纸鸢的活泼村童。农历二月,春草抽芽渐绿,黄莺飞舞鸣啭,堤岸上杨柳依依,随风舞动,似乎迷醉在这如烟的水汽中。村中的儿童早早放学归来,赶忙趁着浩荡的东风将风筝放飞天空。

这是一首仄起平收首句入韵的七言绝句。诗歌格律工整,只有第二句第一字"拂"应平而入，由第三字"杨"应仄而平来补救；而第四句第一字"忙"应仄而平，属于可变通范畴。吟诵时除韵字外，第一句的第四字，第二句的第二、第六字，第三句的第二字、第六字，第四句的第四字要长吟，即长吟节奏为"四、二六、二六、四"。

　　此诗前两句描写醉人春景。第一句中韵字"天"长吟，第四字"飞"也要长吟，反映群莺翩然翻飞的盎然生机。第二句中"烟"是韵字，"堤"和"春"字处二六字的位置，都可长吟，节奏要慢，音调要舒缓悠扬，吟出诗人在如烟春景中身心放松和舒畅。第三句中第二字"童"和第六字"来"长吟。第四句中第一字"忙"按格律应是仄声，为了表现儿童对放风筝的迫不及待而改为阳平。韵字"鸢"要长吟，而且调子要婉转多变、轻柔上扬、余音袅袅，吟出风筝在春风中扶摇而上的动感以及飘入高空后的轻快。三、四句吟诵时节奏要加快，两句之间不宜做过长停顿，要吟出一气呵成的整体感，这样才能表现儿童放学后急于投入大自然怀抱的迫切心情和举动，吟出天真活泼的童心童趣。

　　用韵：下平声一先韵；韵字：天、烟、鸢。

村 居

$1=\flat E$　　　　　　　　　　　　　　　　〔清〕高鼎

3 6 3 5 １ １ - １ 3 １ 6 0 6 - 6 5. |
草　长　莺　飞／二　月　　天，

6 １ 0 １ - 5 6 3 5 １ 3 １ - 6 - 6 5. |
拂　堤／杨　柳　醉　春／烟。

5 6 6 １. １ 3 5 6 0 １ １ - 3 5 0 |
儿　童／散　学　归　来／早，

5 6 １ 3 １ １ １ 3 3 5 6 - 6 5. ‖
忙　趁　东　风／放　纸　鸢。

十二

咏柳

〔唐〕贺知章

碧玉妆成一树高，
万条垂下绿丝绦。
不知细叶谁裁出，
二月春风似剪刀。

【导读】

　　本诗是唐代诗人贺知章（659—约744年）的一首咏物格律诗，通过描绘春风拂柳的优美风姿来赞美春天的勃勃生机。碧绿的高高的柳树像是碧玉装扮的一样，柔美的柳枝就像千万条飘垂的绿丝带。不知道这细细的嫩叶是谁的巧手——裁出，原来二月里大自然的春风就像一把灵巧的剪刀。

　　这是一首仄起平收首句入韵的七言绝句。诗歌格律工整，只有第二句中第一字"万"应平而仄，为了补救，第三字"垂"应仄而平。第三句第一字"不"应平而仄,但处于"一三五不论"的位置,可以变通。吟诵时的节奏为"四、二六、二六、四",即第一句的第四字,第二句的第二字和第六字,第三句的第二字和第六字,第四句的第四字要长吟。

  此诗首句"碧玉"二字皆为入声字,要吟得短促而惊喜。第四字"成"和韵字"高"要有激情地长吟,突出柳树亭亭玉立的风韵。第二句中第二字"条"、第六字"丝"和韵字"绦"要柔声长吟,吟出下垂披拂的柳枝在春风中轻轻摇摆的曼妙。第三句中第二字"知"、第六字"裁"要长吟,在悠长的音韵中思索品味造物的神奇和巧妙。第四句中"似"字要重读,强调春风和剪刀之间的相似之处。第四字"风"和韵字"刀"要长吟,由咏柳到歌咏春风,表现对大自然无限神奇的创造力的由衷赞美。

  用韵:下平声四豪韵;韵字:高、绦、刀。

咏　柳

1=♭E　　　　　　　　　　　　　　　　　　　〔唐〕贺知章

$\underset{3}{\widehat{1\ 3}}\ 0\ \underset{3}{\widehat{1\ 6}}\ 0\ \widehat{1\ 6}\underline{1}.\ \underset{3}{\widehat{6\ 1}}\ 0\ \widehat{1\ 3}\ 6\ -\ \widehat{6\ \underline{5}.}\ \|$
碧　玉　妆　成／一　　树　　高，

$\widehat{1\ 6}\ \widehat{6\ \underline{1}.}\ \widehat{5\ 6}\ \underset{3}{\widehat{1\ 3}}\ \widehat{1\ 6}\ 0\ 5\ -\ 6\ -\ \widehat{6\ \underline{5}.}\ \|$
万　条／垂　下　绿　丝／绦。

$\widehat{1\ 6}\ 0\ 1\ -\ \widehat{1\ 3}\ \underset{3}{\widehat{1\ 6}}\ 0\ 5\ 6\ \widehat{6\ \underline{1}.}\ \widehat{1\ 1}\ 0\ 0\ \|$
不　知／细　叶　谁　栽／出，

$\underset{3}{\widehat{1\ 3}}\ \underset{3}{\widehat{1\ 6}}\ 0\ \widehat{1\ 1}\ -\ \widehat{1\ 3}\ \widehat{3\ 6}\ 6\ -\ \widehat{6\ \underline{5}.}\ \|$
二　月　春　风／似　剪　刀。

十三

晓出净慈寺送林子方

〔宋〕杨万里

毕竟西湖六月中，
风光不与四时同。
接天莲叶无穷碧，
映日荷花别样红。

【导读】

本诗是南宋诗人杨万里（1127—1206年）的代表作之一。从诗题看，这是一首送别诗，然全诗无一字与离别相关，而是直接写景咏物，描绘出六月西湖的秀美风光，极赞荷花之美。到底是西湖的六月，和其他时节的风光截然不同。碧绿的荷叶一望无际，似与天相接。娇艳的荷花在阳光的映照下显得更加红艳动人。

这是一首仄起平收首句入韵的七言绝句。按照格律要求，第三句第一字"接"应平而仄，由第三字"莲"应仄而平作为补救。吟诵时的节奏为"四、二六、二六、四"，即第一句的第四字，第二句的第二字和第六字，第三句的第二字和第六字，第四句的第四字要长吟。

　　此诗第一句中"毕竟"二字要重读，突出西湖六月风光的非同一般。"六月"二字是入声字，声音不能拉长，要短促一些。第四字"湖"和韵字"中"要长吟，舒缓一下短促紧迫的语气。第二句中第二字"光"、第六字"时"字和韵字"同"要长吟，强调西湖夏天在一年四季中的与众不同。第三句中第二字"天"和第六字"穷"长吟，表现铺展在湖面的荷叶一眼望不到边，与蓝天融合在一起的开阔意境。最后一句中第四字"花"和韵字"红"长吟，吟出六月荷花处于盛夏最旺盛的生长期、在旭日朝阳的照耀下娇艳夺目的色彩美。这首诗是描写西湖夏季美景的名篇，整首诗要读出喜爱、赞美之情。

　　用韵：上平声一东韵；韵字：中、同、红。

晓出净慈寺送林子方

1=♭E　　　　　　　　　　　　　　　　　〔宋〕杨万里

i 3 0　i 6　i 6 i.　i 3 0　i 6 0 6　- 6 5.
毕　　竟　西 湖 /　六　月　中，

i i -　i 3 0　3 5　i 3　5 6.　5 6.　6 5.
风 光 /　不　与　四　时 /　同。

i i 0 i -　5 6　i 3 0　5 6　6 i.　i 3 0 0
接 天 /　莲　叶　无 穷 /　碧，

i 3　i 6 0　6 i i -　6 i 0　i 3　5 6.　6 5.
映 日　荷 花 /　别　样　红。

十四

绝句

〔唐〕杜甫

两个黄鹂鸣翠柳，
一行白鹭上青天。
窗含西岭千秋雪，
门泊东吴万里船。

【导读】

本诗是唐代诗人杜甫（712—770年）描绘草堂周围美丽景色的一首格律诗。翠绿的柳树上，两只黄鹂鸟在欢快地鸣叫。几只白鹭排成一行，在湛蓝的天空中高高飞翔。从窗口往外望，能看到岷山上千年不化的白雪。屋门外的不远处，停泊着不远万里从东吴驶来的船只。

这是一首仄起仄收首句不入韵的七言绝句。从格律诗的要求来看，第二句"一"字应平而仄，第四句"门"字应仄而平，两例都在"一三五不论"的位置上。第三句"窗"字应仄而平,由第三字"西"应仄而平补救。全诗两联都属于非常工整的对仗,显得格外对称平稳。吟诵时第一句的第四字,第二句的第二字和第六字,第三句的第二字和第六字,第四句的第四字要长吟,即长吟节奏为"四、二六、二六、四"。

此诗第一句中"两个"二字都是仄声字,按吟诵规律要起调高一些,正好和黄鹂在高树上的空间位置照应。第四字"鹂"长吟,"鸣"字要加强语气,表明黄鹂的叫声婉转悠扬和清脆悦耳,呈现画面里静中寓动的生机。第二句中第二字"行"、第四字"青"和韵字"天"都要拉长声音,把白鹭排成长长的一行在一碧如洗的晴空中展翅翱翔的情景表现出来。第三句中第二字"含"字和第六字"秋"都要长吟,岭上积雪终年不化,如同嵌在窗框中的一幅图画,涵咏出恒定的画面美和历史感。最后一句中"泊"是入声字,要重读,"万里"二字也要加重语气,第四字"吴"和韵字"船"长吟,体会诗人看到战乱平定、交通恢复涌起的思念故乡的复杂情绪。

用韵:下平声一先韵;韵字:天、船。

绝 句

1=♭E　　　　　　　　　　　　　　　　　　　〔唐〕杜甫

3 5　1̇ 3　5 6　5 6.　|　5 6　1̇ 6　3 5.　|
两 个　黄 鹂 /　鸣 翠 柳,　　　　　　　　　　　

1̇ 3 0　5 6.　5 6 0　1̇ 3　1̇ 6 - 6 - 6 5.　|
一　行 /　白 鹭　上 青 /　天。

6 5 6.　1̇　3 5　1̇　1̇ -　3 5 0 0　|
窗 含 /　西 岭　千 秋 /　雪,

5 6　5 6 0　1̇ 6　1̇.　1̇ 3　3 5　5 6.　6 5.　‖
门 泊 东吴 /　万 里 船。

十五

山行

〔唐〕杜牧

远上寒山石径斜,
白云生处有人家。
停车坐爱枫林晚,
霜叶红于二月花。

【导读】

本诗是唐代诗人杜牧（803—852年）的一首写景格律诗，诗情画意兼具，展现出一幅动人的秋日山林图。山林中蜿蜒的石板小路向上一直延伸到远方，云雾缭绕的大山深处隐约居住着几户人家。诗人停车驻足，只因喜爱这傍晚枫林的景色。那一片片被霜打过的枫叶，竟然比二月的鲜花还要红艳。

这是一首仄起平收首句入韵的七言绝句。按照格律要求，第二句中第一字"白"字应平而入,由第三字"生"字应仄而平补救。第四句第一字"霜"字应仄而平,但在"一三五不论"的位置上。吟诵时的长吟节奏为"四、二六、二六、四",即第一句的第四字,第二句的第二字和第六字,第三句的第二字和第六字,第四句的第四字要长吟。

  此诗第一句中第四字"山"长吟,韵字"斜"也要长吟,而且要音调宛转,表现山中小径蜿蜒曲折地伸向远处山峦的情景。第二句中除了第二字"云"、第六字"人"和韵字"家"要长吟外,第三字"生"也要适当长吟,体现白云升腾、无穷无尽、变幻莫测的情景。第三句在长吟节奏点第二字"车"和第六字"林"之外,适当长吟"枫"字,表现长时间徘徊流连在美丽枫林中的不舍。第四句中"霜"字是秋叶"红于二月花"的前提,而且从格律要求来看,是应仄而平,要重读。第四字"于"和韵字"花"要声音洪亮地长吟,强调枫叶流丹、艳若春花的热烈美。二、三、四句的处理体现"依义行调"的规范。这首绝句用的是平水韵下平声六"麻"韵,因此首句韵字"斜"要读为"xiá",以便和韵字"家""花"押韵。这首诗以极大的热情讴歌了秋天的明丽和生机,用了很多开口度比较大的音,吟诵时要表现出诗人对秋景的喜爱和从中透出的英爽俊拔之气。

  用韵:下平声六麻韵;韵字:斜、家、花。

山　行

1=♭E　　　　　　　　　　　　　　　　　　　　　〔唐〕杜牧

$\widehat{3\ 6}\ \widehat{\underline{1}\ 3}\ \widehat{\underline{5}\ 6}\ \dot{1}\ -\ \underline{\overset{3}{\overline{5\ 6\ 0}}}\ \underline{\dot{1}\ 3}\ \underline{5\ 6.}\ \underline{6\ 5.}\ |$
远　上　寒　山／石　　径　　斜，

$\underline{\overset{3}{\overline{5\ 6\ 0}}}\ \underline{5\ 6.}\ \dot{1}\ \underline{\dot{1}\ 3}\ \underline{3\ 5}\ \underline{5\ 6.}\ 6\ -\ \underline{6\ 5.}\ |$
白　云／生　处　有　人／家。

$\widehat{5\ 6}\ \dot{1}\ -\ \underline{\dot{1}\ 3}\ \underline{\dot{1}\ 6}\ \dot{1}\ \dot{1}\ -\ \underline{3\ 5\ 0}\ |$
停　车／坐　爱　枫　林／晚，

$\dot{1}\ \underline{\overset{3}{\dot{1}\ 3\ 0}}\ \underline{5\ 6}\ \underline{5\ 6.}\ \underline{\dot{1}\ 3}\ \underline{\overset{3}{\dot{1}\ 6\ 0}}\ 6\ -\ \underline{6\ 5.}\ \|$
霜　叶　红　于／二　月　花。

十六

赠刘景文

〔宋〕苏轼

荷尽已无擎雨盖,
菊残犹有傲霜枝。
一年好景君须记,
最是橙黄橘绿时。

【导读】

　　本诗是宋代诗人苏轼（1037—1101年）的一首送别格律诗，通过展现秋末初冬时节硕果累累、生机勃勃的景象，表达作者对生活的乐观态度和豁达通透的胸襟。初冬，荷花凋残，高举的荷叶也枯萎了，开败了的菊花却仍然挺立在凌霜傲雪的枝头。一年中最好的景致你一定要记住，那就是橙子金黄、橘子青绿的时节。

　　这是一首仄起仄收首句不入韵的七言绝句。按照格律要求，第一句中第一字"荷"应仄而平，由第三字"已"应平而仄作为补救。第二句第一字"菊"应平而仄，由第三字"犹"应仄而平作为补救。第三句中"一"字应平而入，但处在"一三五不论"的位置上。吟诵时第一句的第四字，第二句的第二字和第六字，第三句的第二字和第六字，第四句的第四字要长吟，即长吟节奏为"四、二六、二六、四"。

这首诗跳出传统文人墨客"悲秋"的传统，没有凄凄惨惨、唏嘘流涕的伤感，以欣喜的眼光观赏秋天的美景。第一句"尽"字重读，"无"字长吟，要吟出诗人面对荷叶枯萎凋残，不是惋惜感伤，反而情趣盎然的观景态度。第二句中第二字"残"、第六字"霜"字和韵字"枝"都要长吟，突出菊花傲霜斗雪的形象。第三句中第二字"年"和第六字"须"长吟，"记"字重读，表现一种真诚的提醒和劝告。第四句中第四字"黄"和韵字"时"长吟，"橘绿"二字加重语气，强调诗人以深秋色彩斑斓的丰硕景象勉励友人：虽青春已逝，人到壮年，但仍然可以大有作为，要珍惜时光，奋发向上，切忌意志消沉、妄自菲薄。整首诗要吟出作者昂扬向上的生活态度和积极有为的思想境界。

用韵：上平声四支韵；韵字：枝、时。

赠刘景文

1=♭E　　　　　　　　　　　〔宋〕苏轼

5 6. ⅰ 3 3 5 5 6.　6 ⅰ. 3 5 ⅰ 6 0 |
荷　尽　已　无 / 擎　雨　盖，

5 6 0 5 6.　6 ⅰ. 3 5 ⅰ 3 6 - 6 - 6 5. |
菊　残 / 犹　有　傲　霜 / 枝。

ⅰ 3 0 5 6.　3 6 3 5 ⅰ ⅰ - ⅰ 6. |
一　年 / 好　景　君　须 / 记，

ⅰ 3 ⅰ 6 5 6 6 ⅰ.　6 ⅰ 0 ⅰ 3 0 5 6. 6 5. ‖
最　是　橙　黄 / 橘　绿　　时。

十七

夜书所见

〔宋〕叶绍翁

萧萧梧叶送寒声,
江上秋风动客情。
知有儿童挑促织,
夜深篱落一灯明。

【导读】

　　本诗是宋代诗人叶绍翁（生卒年不详）的一首即景抒情格律诗，描绘了夜晚于江边所见之景，抒发了客居他乡的孤寂无聊之感。萧瑟的秋风吹动梧桐树叶，送来阵阵寒意，江上吹来的秋风，勾起游子的情思。夜深了，远处的篱笆边还有灯笼在发出明亮的光。诗人猜测，那一定是孩子们在兴致勃勃地夜捉蟋蟀。

　　这是一首平起平收首句入韵的七言绝句。按照格律要求，第一句"梧"

字应仄而平，第二句"江"字应仄而平，第三句"知"字应仄而平，三例都在"一三五不论"的位置上，辨析的必要在于记住格律。第四句第一字"夜"应平而仄，由第三字"篱"应仄而平作为补救。吟诵时第一句的第二字和第六字，第二句的第四字，第三句的第四字，第四句的第二字和第六字要长吟，即长吟节奏为"二六、四、四、二六"。

　　此诗第一句第二字"萧"、第六字"寒"和韵字"声"都要长吟，表现秋叶在风中瑟瑟作响，一声声，一阵阵，接连不断地回旋在诗人耳边。落木萧萧，寒声阵阵，从而传达出漂泊不定、凄怆落寞之感。"寒"字既表达秋风袭来寒凉逼人之感，又表达诗人飘零在外心神凄清之意。第二句"客"字为入声，要读得急促而沉重，突出客子羁旅他乡的浓重感伤。第四字"风"和韵字"情"长吟，前后照应，表现诗人见秋风起而思故乡的悠长思绪。第三句"童"字长吟，表现儿童夜捉蟋蟀的兴致高昂。"挑"根据平仄，应读"tiāo"，字要重读，读出儿童屏息观察、精挑细翻的专注和兴奋。最后一句第二字"深"、第六字"灯"和韵字"明"要长吟，以明灯照篱来凸显游子愁绪满怀、长夜难眠的孤寂和无奈。整首诗要吟出诗人客居他乡、辗转漂泊的凄凉心境和深沉的思乡之情。

　　用韵：下平声八庚韵；韵字：声、情、明。

夜书所见

1=♭E 〔宋〕叶绍翁

| 6 6 - 5̲ 6̲ | 1̇ 3̲̇ 0̲ 1̇ 3̲ 5̲ 6. | 6 - 6̲ 5. |

萧 萧 / 梧 叶 送 寒 / 声，

| 6 1̲̇ 3̲ 1̇ 1̇ - | 1̲̇ 3̲ 1̲̇ 6̲ 0 5̲ 6. | 6̲ 5. |

江 上 秋 风 / 动 客 情。

| 1̇ 3̲ 5̲ 5̲ 6̲ 1̇. | 1̇ 1̲̇ 3̲ 0̲ 6̲ 6̲ 0 0 |

知 有 儿 童 / 挑 促 织，

| 1̲̇ 3̲ 6 - 5̲ 6. | 1̲̇ 6̲ 0̲ 1̲̇ 3̲ 0̲ 6 - | 5̲ 6. 6̲ 5. ‖

夜 深 / 篱 落 一 灯 / 明。

十八

望天门山

〔唐〕李白

天门中断楚江开,
碧水东流至此回。
两岸青山相对出,
孤帆一片日边来。

【导读】

本诗是唐代诗人李白（701—762年）赴江东途中行至天门山时所创作的一首格律诗，描写了诗人乘舟顺流而下远望天门山的情景，赞美了长江和天门山的雄奇壮丽景色。天门山夹岸对峙，似乎是被浩荡奔流的江水从中间劈开了一样。碧绿的江水东流到此，突然打了个回旋，向北流去。两岸的青山相对耸立，一只小船从天水相接的地方缓缓驶来。

这是一首平起平收首句入韵的七言绝句。按照格律要求，第一句第三字"中"应仄而平，但处在"一三五不论"的位置上。吟诵时第一句的第二字和第六字，第二句的第四字，第三句的第四字，第四句的第二字和第六字要长吟，即长吟节奏为"二六、四、四、二六"。

　　此诗第一句第二字"门"、第六字"江"和韵字"开"要长吟，吟出江水滔滔滚滚、汹涌奔腾的气势，吟出天门山在江水的撞击下从中间劈为两半，如同隔江对峙的门户一样的雄奇险峻。"断"字要加重语气，强调江水劈山倒海、不可阻遏的力量。第二句第四字"流"要平声长吟，吟出长江一泻千里的畅快。韵字"回"也要长吟，但尾音要宛转多变，突出浩荡的江水流经两山间狭窄通道时的激荡回旋。第三句第四字"山"长吟，"出"字要吟得短促有力，反映舟行江上、人立船头，两岸青山迎面扑来、应接不暇的动感。第四句第二字"帆"、第六字"边"和韵字"来"长吟，吟出诗人欣赏名山大川的喜悦和心潮澎湃。这首诗押上平声十灰韵，所以第二句韵字"回"要读为"huái"，以便和韵字"开"和"来"押韵。这首诗的格调雄奇阔大，吟诵时要有激情和力量，吟出自然景物的壮美动人和诗人的豪迈不羁、奔放洒脱的性格。

　　用韵：上平声十灰韵；韵字：开、回、来。

望天门山

1=♭E 〔唐〕李白

天门／中断 楚江／开，
碧水东流／至 此 回。
两 岸 青 山／相 对 出，
孤帆／一 片 日 边／来。

十九

饮湖上初晴后雨

〔宋〕苏轼

水光潋滟晴方好，
山色空蒙雨亦奇。
欲把西湖比西子，
淡妆浓抹总相宜。

【导读】

本诗是宋代诗人苏轼（1037—1101年）写景诗中的名篇，描写了西湖美不胜收的山光水色。晴天，在阳光的照耀下，西湖水波荡漾，光彩熠熠，景色迷人；雨天，群山笼罩在烟雨之中，若隐若现，同样非常奇妙。如果把西湖比作美女西施，无论淡妆也好，浓妆也罢，她总是那么美丽，那么适宜。

这是一首平起仄收首句不入韵的七言绝句。按照格律要求，第一句"水"

字应平而仄，第二句"山"字应仄而平，两例都在"一三五不论"的位置上。第三句第五字"比"应平而仄，由第六字"西"应仄而平作为补救，叫五拗六救。第四句第一字"淡"应平而仄，由第三字"浓"应仄而平来补救。吟诵时除去韵脚字必须长吟之外，一、四句为平起句式，第二字和第六字长吟；二、三句为仄起句式，第四字长吟，即长吟节奏为"二六、四、四、二六"。

  此诗第一句第二字"光"和第六字"方"要平声长吟，吟出西湖在阳光下波光粼粼、一望无垠的景象。"好"字要读出作者心情的轻松愉悦。第二句第四字"蒙"和韵字"奇"要长吟，"亦"字要加重语气，体现出意外的惊喜。第三句第四字"湖"长吟，"西子"的"西"字也要拖长声音，和"西湖"的"西"字相呼应，在长吟中体会西施清丽婀娜的天然美和西湖的神似之处。第四句第二字"妆"、第六字"相"和韵字"宜"要长吟，反映出西湖美的空灵、含蓄、朦胧和作者的意犹未尽。这首诗描写了西湖无时无处不在的全天候、全景式的美，吟诵时一定要读出陶醉、喜悦和赞叹。

  用韵：上平声四支韵；韵字：奇、宜。

饮湖上初晴后雨

〔宋〕苏轼

1=♭E

$\underline{3\ 5}\ \dot1\ -\ \dot1\ \underline{3\ \dot1}\ \underline{6\ \underline{5\ 6}.}\ 6\ -\ \underline{3}\ 5.\ |$
水　光　/　潋　滟　晴　方　/　好，

$\dot1\ \underline{\dot1\ \underline{3\ 0}}\ \dot1\ \underline{6\ \dot1.}\ \underline{3\ 5}\ \underline{\dot1\ \underline{3\ 0}}\ \underline{5\ 6.}\ \underline{6\ 5.}\ |$
山　色　空　蒙　/　雨　亦　奇。

$\underline{\dot1\ \underline{3\ 0}}\ \underline{3\ 5\ 6}\ 6\ -\ \underline{3\ 5}\ \dot1\ \underline{3}\ 5.\ |$
欲　把　西　湖　/　比　西　子，

$\underline{\dot1\ 3}\ \dot1\ -\ \underline{5\ 6}\ \underline{\underline{3\ 5\ 0}}\ \underline{3\ 5\ 6}\ -\ \underline{5\ 6.}\ \underline{6\ 5.}\ ‖$
淡　妆　/　浓　抹　总　相　/　宜。

二十

望洞庭

〔唐〕刘禹锡

湖光秋月两相和,
潭面无风镜未磨。
遥望洞庭山水翠,
白银盘里一青螺。

【导读】

本诗是唐代诗人刘禹锡（772—842 年）描绘洞庭湖秋夜景色的一首格律诗。秋天的夜晚，月光下的洞庭湖水澄澈空明，与清朗的月色交相辉映；湖面风平浪静，就像一面未经打磨的铜镜。远远望去，青翠的君山被银色的湖面所环绕，就像白色银盘中盛着一枚青色的田螺。

这是一首平起平收首句入韵的七绝。按照格律要求，第一句"秋"字应仄而平，第二句"潭"字应仄而平，两例都在"一三五不论"的位置上，这些改动是允许的。第三句第一字"遥"应仄而平,由第三字"洞"应平而仄作为补救。第四句第一字"白"应平而入,由第三字"盘"应仄而平作为补救。吟诵时在第一句的第二字和第六字,第二句的第四字,第三句的第四字,第四句的第二字和第六字要长吟,即长吟节奏为"二六、四、四、二六"。

  此诗第一句中"月"字是入声,要吟的短促有力。第二字"光"、第六字"相"和韵字"和"长吟,强调湖光与月色融为一体,素月水波交相辉映,水天一色,形成空明、澄静、清幽、邈远的世界。第二句第四字"风"和韵字"磨"长吟,"镜"字加重语气,突出湖上风平浪静,月光下的洞庭湖宛如一面未加磨拭的巨大的铜镜,呈现出朦胧、静谧的美。第三句第四字"庭"长吟,"翠"字虽为仄声字,但也要稍作停顿后适当长吟,强调君山山色的苍翠,以便和下文的"青螺"之比相呼应。第四句第二字"银"、第六字"青"和韵字"螺"都要长吟,表现银色的湖面和青翠的君山互相映衬的淡雅,而且要吟出饶有趣味的赏玩意味,这样才能反映诗人将眼前阔大的洞庭山水想象成一件小巧的精美绝伦的工艺品的开阔眼界和不凡气度。这首诗要带着轻松喜悦的感情来吟,吟出作者看到湖山胜景的心旷神怡和奇思妙想。

  此诗韵字"和""磨""螺"押五歌韵,"和"必须发 huó 音,否则就不押韵。

  用韵:下平声五歌韵;韵字:和、磨、螺。

望洞庭

1=♭E　　　　　　　　　　　　〔唐〕刘禹锡

5 6 i - i | i 3 0 3̲5̲6̲ - | 5̲ 6. 6̲ 5. |
湖光/秋月　两相/和，

5̲ 6̲ i 3̲ 5̲ 6̲ i - | i 3̲ i 6̲ 5̲ 6. 6̲ 5. |
潭面无风/镜未磨。

5̲ 6̲ i 3̲ i 6̲ 5̲ 6. i | 3̲ 5̲ i 0 |
遥望洞庭/山水翠，

5̲ 6̲ 0 5̲ 6. 6̲ i 3̲ 5̲ | i 3̲ 0 6 - 5̲ 6. 6̲ 5. ‖
白银/盘里一　青/螺。

二十一

绝句

〔唐〕杜甫

迟日江山丽,
春风花草香。
泥融飞燕子,
沙暖睡鸳鸯。

【导读】

本诗是唐代诗人杜甫（712—770 年）的一首写景格律诗。春回大地，江山秀丽。春天时日，日日见长。春风吹拂，送来阵阵花草的芳香。松软湿润的泥土吸引了一双双燕子衔泥筑巢。温暖的沙洲上，一对对的鸳鸯静静地沉睡。好一派色彩绚丽、生机盎然的春景图画！

这是一首仄起仄收首句不入韵的五言绝句。按照格律要求，第一句"迟"字应仄而平，第二句"花"字应仄而平，第四句"沙"字应仄而平，三例都在五言诗"一三不论"的位置上，这些变动是允许的。按照吟诵五言诗的要求，吟诵时第一句的第四字、第二句的第二字、第三句的第二字、第四句的第四字应长吟，即长吟节奏为"四、二、二、四"。

　　此诗第一句第四字"山"长吟，表达作者放眼河山的辽远视界和开阔心胸。"日"字和"丽"字要加重语气，突出春日迟迟的温暖和景物的清新明媚。第二句第二字"风"和韵字"香"长吟，"花"字要吟出春风和煦、百花竞放，微风过处阵阵花香的感觉。第三句第二字"融"长吟，表现冻土在春天的阳光下慢慢变软、渐渐滋润的过程，"飞"字要适当长吟，音调要上扬，表现燕子在春风中衔泥筑巢的忙碌和翩然翻飞、参差其羽的灵动。第四句"睡"字要轻吟，第四字"鸳"韵和韵字"鸯"要长吟，突出春日的温暖、舒适和安逸。本诗描写了春日来临时自然界的一派生机和欣欣向荣，是诗人在成都草堂居住时所作。当时诗人颠沛流离的生活得以暂时安定，心境恬淡，吟诵时一定要吟出轻松、闲适、愉悦的感觉。

　　用韵：下平声七阳韵；韵字：香、鸯。

绝 句

〔唐〕杜甫

1=♭E

5 6	i 3 0	i	i -	i 3 0

迟 日 江 山 / 丽，

| i i - i | 3 5 | 6 - 6 5. |

春 风 / 花 草 香。

| 5 6 | 6 i. | i | i 3 | 3 5. |

泥 融 / 飞 燕 子，

| 6 | 3 5 | i 3 | i - | 6 - 6 5. |

沙 暖 睡 鸳 / 鸯。

二十二

惠崇春江晚景

〔宋〕苏轼

竹外桃花三两枝，
春江水暖鸭先知。
蒌蒿满地芦芽短，
正是河豚欲上时。

【导读】

诗僧惠崇作《春江晚景》图，嘱苏轼（1037—1101年）为之作诗，于是有了这首描绘早春生机盎然的题画诗。竹林外，几枝桃花刚刚绽开。鸭子最先感觉到江水变暖，在水中欢快地嬉戏。江岸边满地蒌蒿长出新枝，芦芽儿吐出嫩尖，正是味道鲜美的河豚上市的时节。

这是一首仄起平收首句入韵的七言绝句。这首诗格律非常工整，只有第一句第五字"三"应仄而平，但处在"一三五不论"的位置上。吟诵时第一句的第四字、第二句的第二字和第六字、第三句的第二字和第六字、第四句的第四字要长吟，即长吟节奏为"四、二六、二六、四"。

此诗第一句第四字"花"和韵字"枝"长吟，"三"字应仄而平，适当长吟，吟出春光的清新可喜。第二句第二字"江"、第六字"先"和韵字"知"长吟，"鸭"字加重语气，吟出江上春水荡漾，在岸边期待了整整一个冬季的鸭子迫不及待地跳入水中嬉戏游玩的欢乐，强调鸭子对春江回暖的先知先觉和敏感。第三句第二字"蒿"、第六字"芽"长吟，"满"字和"短"字要加重语气，吟出诗人看到满眼青翠的浓郁春色后的怜爱之情。第四句第四字"豚"和韵字"时"长吟，反映出作者在细致入微地观察自然的基础上所生发出的无限遐想。全诗洋溢着浓厚而清新的生活气息，吟诵时要吟出欣赏、喜悦之情。

用韵：上平声四支韵；韵字：枝、知、时。

惠崇春江晚景

〔宋〕苏轼

1=♭E

竹外桃花／三两枝，

春江／水暖鸭先／知。

蒌蒿／满地芦芽／短，

正是河豚／欲上时。

二十三

三衢道中

〔宋〕曾几

梅子黄时日日晴,
小溪泛尽却山行。
绿阴不减来时路,
添得黄鹂四五声。

【导读】

本诗是南宋诗人曾几（1084—1166年）的一首格律诗，记录了诗人在三衢道中的见闻，抒发了诗人轻松愉悦的心情。梅子熟透的时候，天天都是晴好的天气。乘着小舟沿着小溪前行，来到了小溪的尽头，弃舟改为步行，沿着山路继续前行。山路上的树木苍翠茂盛，绿荫与来时一样浓密，从深林中又传来几声黄鹂的啼鸣……

这是一首仄起平收首句入韵的七言绝句。按照格律要求，第一句"梅"

字应仄而平,第二句"小"字应平而仄,第三句"绿"字应平而入,第四句"添"字应仄而平,四例都在"一三五不论"的位置上,所以这些改动可以不予理睬。吟诵时第一句的第四字、第二句的第二字和第六字、第三句的第二字和第六字、第四句的第四字要长吟,即长吟节奏为"四、二六、二六、四"。

  此诗第一句连用两个"日"字,虽然"日"是入声字,但在这里可以灵活处理一下。第四字"时"和韵字"晴"字长吟,这样才能表现诗人在江南黄梅雨季看到晴天,而且是"日日晴"的那种喜不自禁和喜出望外。第二句第二字"溪"、第六字"山"和韵字"行"长吟,吟出小溪潺潺而流、诗人泛舟随流曲折的情韵悠长和诗人入山观景的兴致勃勃。"却"字重吟,突出诗人舍舟登岸、由水路而陆路的一个转折。第三句第二字"阴"长吟,反映绿荫夹道、满目青翠的凉爽和惬意,"来"字加重语气,第六字"时"长吟,强调往返之间的景象对比。第四句第四字"鹂"和韵字"声"要长吟,传达出来"鸟鸣山更幽"的意境,也表现诗人归途中情怀不减、游兴愈浓的舒畅愉悦。这首诗描写了南方初夏的秀丽景色,一定要吟出诗人的山行幽趣。

  用韵:下平声八庚韵;韵字:晴、行、声。

三衢道中

1=♭E 〔宋〕曾几

$\underline{5}$ 6. $\underline{3}$ 5 $\underline{5}$ 6. $\underline{6}$ $\dot{1}$. $\dot{1}$ 3 0 $\dot{1}$ 6 0 $\underline{5}$ 6. $\underline{6}$ 5. |
梅 子 黄 时／日 日 晴,

$\underline{3}$ 5 $\dot{1}$ - $\dot{1}$ 3 $\dot{1}$ 6 $\dot{1}$ 6 0 6 - $\underline{5}$ 6. $\underline{6}$ 5. |
小 溪／泛 尽 却 山／行。

$\dot{1}$ 3 0 $\dot{1}$ - $\dot{1}$ 3 0 $\underline{3}$ 5 $\underline{5}$ 6 $\underline{6}$ $\dot{1}$. $\dot{1}$ 3 0 |
绿 阴／不 减 来 时／路,

$\dot{1}$ $\underline{6}$ $\dot{1}$ 0 $\underline{5}$ 6 $\underline{6}$ $\dot{1}$. $\dot{1}$ 3 $\underline{3}$ 5 6 - $\underline{6}$ 5. ‖
添 得 黄 鹂／四 五 声。

二十四

元日

〔宋〕王安石

爆竹声中一岁除,
春风送暖入屠苏。
千门万户曈曈日,
总把新桃换旧符。

【导读】

　　本诗是宋代诗人王安石(1021—1086年)的一首节令格律诗,描写了春节辞旧迎新的热闹景象。在一片接连不断的爆竹声中,旧的一年过去,新的一年到来;和煦的春风中,人们喝着屠苏酒,心里也暖洋洋的。新年的第一天,家家户户都沐浴着温暖的阳光。人们摘掉了旧对联,换上了新对联桃符,以祈求来年诸事顺利。

　　这是一首仄起平收首句入韵的七言绝句,格律非常工整。吟诵时第一句的第四字、第二句的第二字和第六字、第三句的第二字和第六字、第四句的第四字要长吟,即长吟节奏为"四、二六、二六、四"。

王安石是北宋时期著名的政治家,写这首诗时,他正担任宰相,雷厉风行地推行熙宁变法。这首诗句句写新年,又句句写新法,两者结合得天衣无缝。第一句"爆竹"二字要吟得短促有力,有一种鞭炮炸裂干脆利落的感觉。第四字"中"和韵字"除"长吟,吟出旧的一年终于过去的释然。第二句第二字"风"、第六字"屠"和韵字"苏"长吟,吟出人们沐浴和暖春风的心情舒畅,品味醇美屠苏酒的滋味悠长。第三句第二字"门"、第六字"曈"长吟,吟出旭日的光辉普照千家万户的温暖和灿烂,也表现作者对新政充满信心和无限憧憬。第四句第四字"桃"和韵字"符"长吟,"换"字是全诗的诗眼,要提高音调,加重语气,既表现春回大地、万象更新的崭新面貌,又表现一个政治家执政变法、除旧布新的眼光、勇气和气概。整首诗一定要吟出诗人宏大的气魄,坚毅、爽朗的风神和豪迈、乐观、自信的情绪。

用韵:上平声七虞韵;韵字:除、苏、符。

元 日

〔宋〕王安石

1=♭E

$\widehat{1\ 3}\ \underline{\overset{3}{560}}\ \underline{0}\ \dot{1}\ \ \dot{1}\ -\ \underline{\overset{3}{560}}\ \underline{1\ 6}\ \underline{5\ 6.}\ \underline{6\ 5.}\ |$

爆 竹 声 中 / 一　　　岁　　　除，

$\dot{1}\ \ \dot{1}\ -\ \widehat{\dot{1}\ 3}\ \underline{3\ 5}\ \underline{\overset{3}{\dot{1}\ 3\ 0}}\ \underline{5\ 6.}\ \ 6\ -\ \underline{6\ 5.}\ |$

春 风 / 送 暖 入 屠 / 苏。

$\dot{1}\ \underline{6}\ \dot{1}.\ \widehat{\dot{1}\ 3}\ \underline{\dot{1}\ 6}\ \underline{5\ 6}\ \underline{6\ \dot{1}.}\ \underline{\overset{3}{\dot{1}\ 6\ 0}}\ 0\ |$

千 门 / 万 户 曈 曈 / 日，

$\widehat{\dot{1}\ 3}\ \underline{3\ 5}\ \dot{1}\ \underline{5\ 6.}\ \widehat{\dot{1}\ 3}\ \underline{\dot{1}\ 6}\ \underline{5\ 6.}\ \underline{6\ 5.}\ \|$

总 把 新 桃 / 换 旧 符。

二十五

清明

〔唐〕杜牧

清明时节雨纷纷，
路上行人欲断魂。
借问酒家何处有，
牧童遥指杏花村。

【导读】

本诗是唐代诗人杜牧（803—852年）的一首节令格律诗，描写了清明节这天的所见所闻，抒发了孤苦凄凉的感受。清明节这天，下着连绵的小雨，走在路上的行人失魂落魄，倍感凄凉。行人向放牧的儿童打听哪里有卖酒的铺子，牧童用手指了指远处那个开满杏花的村庄……

这是一首平起平收首句入韵的七言绝句。按照格律要求，第一句"时"字应仄而平，第三句"酒"字应平而仄，两例都在"一三五不论"的位置上,这些改动都是允许的。第四句第一字"牧"应平而仄,由第三字"遥"应仄而平作为补救。吟诵时第一句的第二字和第六字、第二句的第四字、第三句的第四字、第四句的第二字和第六字要长吟,即长吟节奏为"二六、四、四、二六"。

此诗第一句"节"字为入声字,要读得短促有力,强调这个节日有其特别之处。第二字"明"和"纷纷"二字都要长吟,特别是第二个"纷"为韵字,更要拖长声音,表明春雨连绵、雨点细密,也表明行人心境的凄迷纷乱。第二句"欲"字和"断"字要短促地重吟,而且要稍作停顿,吟出黯然销魂的低沉和顿挫。第四字"人"和韵字"魂"长吟,但音调要越来越低,体会若有所失的伤感和孤寂。第三句中的字多为仄声,除第四字"家"外,都不宜长吟,要表现借酒浇愁的迫切感。第四句第二字"童"长吟,用儿童的无忧无虑和行人的忧愁苦闷形成对比。第六字"花"和韵字"村"也要长吟,在长吟中想象杏花深处有一个美丽村庄的画面,也体会一下行人得到牧童指点,得知不远处有酒家可以沽酒浇愁的一丝欣喜和安慰。这首诗既要吟出清明时节行人情绪的低迷不振,又要吟出乡村春景的优美、清新和生动。

用韵:上平声十三元韵;韵字:纷、魂、村。

清 明

1=♭E 〔唐〕杜牧

$\dot{1}\ \underline{6}\ \dot{1}.\ \underline{5\ 6}\ \underline{5\ 6\ 0}\ \underline{\overset{3}{3\ 5\ 6}}\ 6\ -\ 6\ -\ \underline{6}\ 5.\ |$
清 明／时 节 雨 纷／纷，

$\dot{1}\ 3\ \dot{1}\ 6\ \underline{5\ 6}\ \underline{5}\ 6.\ \dot{1}\ \underline{3\ 0}\ \dot{1}\ 6\ \underline{5}\ 6.\ \underline{6}\ 5.\ |$
路 上 行 人／欲 断 魂。

$\dot{1}\ 3\ \dot{1}\ 6\ 3\ 5\ \dot{1}\ -\ \underline{5\ 6}\ \dot{1}\ 3\ \underline{3\ 5}\ 6\ |$
借 问 酒 家／何 处 有，

$\dot{1}\ \underline{\overset{3}{3\ 0}}\ \underline{5}\ 6.\ \underline{5\ 6}\ \underline{3\ 5}\ \dot{1}\ 3\ 6\ -\ 6\ -\ \underline{6}\ 5.\ \|$
牧 童／遥 指 杏 花／村。

二十六

九月九日忆山东兄弟

〔唐〕王维

独在异乡为异客，
每逢佳节倍思亲。
遥知兄弟登高处，
遍插茱萸少一人。

【导读】

这是唐代诗人王维（701—761 年）的一首抒情格律诗，表达在重阳节这天对远方亲人的怀念之情。诗人独自在异乡漂泊，每逢佳节更加思念故乡的亲人。他遥望家乡的方向，猜想兄弟们在重阳节一定是戴着茱萸登高游玩，遗憾的是这欢乐的人群中唯独缺少了自己。

这是一首仄起仄收首句不入韵的七言绝句。按照格律要求，第一句"异"字应平而仄，第三句"兄"字应仄而平，两例都在"一三五不论"的位置上。

第二句第一字"每"应平而仄，由第三字"佳"应仄而平作为补救。吟诵时第一句的第四字、第二句的第二字和第六字、第三句的第二字和第六字、第四句的第四字要长吟，即吟诵节奏为"四、二六、二六、四"。

此诗第一句共用了五个仄声字，表达了一种强烈深沉的感情。其中第四字"乡"长吟，"独""异"和"客"三个字都要重读，突出异地作客强烈的孤独和寂寞。第二句第二字"逢"、第六字"思"和韵字"亲"长吟，"节"字为入声字，要重读。这样前后照应，一是强调重阳节是亲人们欢聚团圆的节日，二是衬托诗人被佳节触动的一发而不可收的绵绵思乡之情。第三句第二字"知"、第六字"高"长吟，诗人遥想兄弟在重阳登高饮酒、佩戴茱萸等欢乐的情景，自然是长时间陷入了无限的遐想之中，有一种悠长的回味在里边。第四句第四字"萸"和韵字"人"长吟，"少"字要加重语气，表达无法和亲人团聚欢度佳节的遗憾以及亲人间深深的思念和牵挂。这首诗语句质朴无华，感情深沉真切，要用舒缓的调子、适中的音高把这种感情含蓄地表达出来。

用韵：上平声十一真韵；韵字：亲、人。

九月九日忆山东兄弟

1=♭E 〔唐〕王维

$\widehat{5\ 6\ 0}\ \overset{3}{\widehat{\dot{1}\ 3}}\ \widehat{\dot{1}\ 6}\ \dot{1}\ -\ 5\ 6\ \dot{1}\ 3\ \overset{3}{\widehat{\dot{1}\ 6}}\ 0\ 0\ |$
独　在　异　乡／为　异　客，

$\widehat{3\ 5}\ \widehat{6.\ \dot{1}}\ \overset{3}{\widehat{5\ 6\ 0}}\ \widehat{\dot{1}\ 3}\ 6\ -\ 6\ -\ \widehat{6\ 5.}\ |$
每　逢／佳　节　倍　思／亲。

$\widehat{5\ 6\ \dot{1}}\ -\ \dot{1}\ \widehat{\dot{1}\ 3}\ \widehat{5\ 6\ \dot{1}}\ -\ \dot{1}\ 3\ 0\ |$
遥　知／兄　弟　登　高／处，

$\widehat{\dot{1}\ 3}\ \overset{3}{\widehat{5\ 6\ 0}}\ \widehat{\dot{1}\ 5}\ \widehat{6.\ 3\ 5}\ \overset{3}{\widehat{\dot{1}\ 3\ 0}}\ \widehat{5\ 6.}\ \widehat{6\ 5.}\ \|$
遍　插　茱　萸／少　一　人。

二十七

暮江吟 mù jiāng yín

〔唐〕白居易 táng bái jū yì

一道残阳铺水中，
yí dào cán yáng pū shuǐ zhōng

半江瑟瑟半江红。
bàn jiāng sè sè bàn jiāng hóng

可怜九月初三夜，
kě lián jiǔ yuè chū sān yè

露似真珠月似弓。
lù sì zhēn zhū yuè sì gōng

【导读】

本诗是唐代诗人白居易（772—846年）的一首写景格律诗，描绘了傍晚时分江边美丽的景色。夕阳的余晖洒落在江面上，江水变得半边碧绿半边艳红。最可爱的是那九月初三的夜晚，寰宇格外干净，草叶上的露珠像珍珠一般明亮，夜空中的月牙好似一把弯弓……

这是一首仄起平收首句入韵的七言绝句。按照格律要求，第一句"铺"字应仄而平，第二句"半"字应平而仄，第三句"可"字应平而仄，三例都在"一三五不论"的位置上,这些改动知道它的格律就行。吟诵时除韵字外,第一句的第四字,第二句的第二、第六字,第三句的第二、第六字,第四句的第四字要长吟,即吟诵节奏为"四、二六、二六、四"。

　　此诗第一句第四字"阳"和韵字"中"要长吟,"铺"字应仄而平,语调要委婉平缓,吟出柔和的秋日残阳把余晖铺展在整个江面上宁静舒适的感觉。第二句两个"江"字处二六,要长吟,两个"半"字重读,强调水面光影斑驳、色彩浓淡瞬息万变的动感。"瑟"字虽然是入声字,但是可以在第二个"瑟"字后先做短暂停顿,然后适当长吟,和韵字"红"的长吟相照应,突出江面上两种明暗冷暖不同的颜色对比。第三句第二字"怜"字、第六字"三"长吟,吟出月夜秋景惹人怜惜的感情,但句子整体节奏要稍快一些,这样才能从意思上和末句连成整体。第四句两个"似"字要重读强调,第四字"珠"和韵字"弓"长吟,体会秋露如珠、弯月似弓这两个比喻的妙处。这首诗描绘出傍晚江面晚霞的绚烂和深秋月夜的清幽迷人景象,吟诵时要吟出作者对大自然的赏玩和喜爱之情。

　　用韵:上平声一东韵;韵字:中、红、弓。

暮 江 吟

1=♭E 〔唐〕白居易

5 6 0 1̲ 3̲ 5̲ 6̇. 6̲ 1̇. 6 3̲ 5̲ 6 - 6̲ 5.
一　道　残　阳／铺　水　中，

1̇ 3̇ 1̇ - 1̇ 3̇ 0 1̇ 6̲ 0 1̇ 3̲ 6 - 5̲ 6̇. 6̲ 5.
半　江／瑟　瑟　半　江／红。

3̲ 5̲ 5̲ 6̇. 3̲ 5̲ 1̇ 3̲ 0 1̇ 1̇ - 1̇ 6̲ 0
可　怜／九　月　初　三／夜，

1̇ 3̲ 1̇ 6̲ 1̇ 1̇ - 1̇ 3̲ 0 1̇ 6̲ 6 - 6̲ 5.
露　似　真　珠／月　似　弓。

二十八

题西林壁

〔宋〕苏轼

横看成岭侧成峰,
远近高低各不同。
不识庐山真面目,
只缘身在此山中。

【导读】

本诗是宋代文学家苏轼（1037—1101 年）的一首蕴含哲理的写景格律诗。从正面看庐山，看到的是连绵起伏的山岭。从侧面看庐山，看到的是高耸峭拔的山峰。从远处看、近处看、高处看、低处看，看到的庐山姿态都是不同的。为什么看不清庐山的真面目呢？是因为自己身处庐山之中。通过描述从不同角度观看到的庐山的不同景色，抒发了诗人"当局者迷"的哲理感悟。

  这是一首平起平收首句入韵的七言绝句。按照格律要求，第一句第三字"成"应仄而平，但处于"一三五不论"的位置上。第四句第一字"只"应平而仄，由第三字"身"应平而仄作为补救。吟诵时除去韵脚字必须长吟之外，一四句为平起句式，第二字和第六字长吟，二、三句为仄起句式，第四字长吟，即吟诵节奏为"二六、四、四、二六"。

  此诗第一句第二字"看"处在平声字的位置上，应读为"kān"，与第六字"成"和韵字"峰"长吟。"岭"字加重语气，突出庐山山峰变化多姿的面貌。第二句第四字"低"和韵字"同"长吟，一方面点明游人是从高低远近等不同角度和方位观察，移步换景；另一方面也反映庐山峰峦起伏、丘壑纵横的地形地貌。第三句第四字"山"长吟，"真"字重读，起强调作用。第四句第二字"缘"、第六字"山"和韵字"中"长吟，"此"字加重语气，体会诗人即景说理的思致深永。这首诗紧扣诗人游山所见来谈自己独特的感受，是一首富有理趣的写景诗，融形象的画面和睿智的哲理于一体，深入浅出，吟诵时要注意语调的顿挫和语气的亲切自然。

  用韵：上平声一东韵；韵字：峰、同、中。

题西林壁

1=♭E 〔宋〕苏轼

5 6 i - 5 6 3 5 i 3 0 5 6. 6 - 6 5. |
横看／成 岭 侧 成／峰，

3 5 i 3 i i - i 3 0 i 6 0 5 6. 6 5. |
远 近 高 低／各 不 同。

i 3 0 5 6 0 6 i i - i 3 i 6 0 0 |
不 识 庐 山／真 面 目，

3 5 6 - i i 3 3 5 6 - 6 - 6 5. ‖
只 缘／身 在 此 山／中。

二十九

雪梅

〔宋〕卢钺

梅雪争春未肯降,
骚人阁笔费评章。
梅须逊雪三分白,
雪却输梅一段香。

【导读】

本诗是南宋诗人卢钺（生卒年不详）的一首咏物格律诗。诗人将雪和梅放在一起写，用拟人和对比手法写出梅与雪各领风骚，可谓匠心独运。梅花和雪花争夸春色，谁都不愿意甘拜下风，就连诗人一时也难以为它们分出高下，只得放下笔好好思量一番。梅花比雪花少了三分洁白，雪花却输给梅花一缕清香。

这是一首仄起平收首句入韵的七言绝句。这首诗格律非常工整，只有第一句"梅"字应仄而平,但处在"一三五不论"的位置上。吟诵时第一句的第四字、第二句的第二字和第六字、第三句的第二字和第六字、第四句的第四字要长吟,即长吟诵节奏为"四、二六、二六、四"。

此诗第一句第四字"春"和韵字"降"长吟,吟出梅花与雪花争相夸耀、互不认输的热闹。第二句第二字"人"、第六字"评"和韵字"章"长吟,吟出诗人长时间品味、鉴赏、思索、抉择却无法定夺的悠长意味。"阁笔"二字均为入声字,要吟得短促一些,吟出诗人因为难以对梅花和雪花的高下进行评判而感到困扰,以至于停笔陷入两难心理的思索状态。第三句第二字"须"、第六字"分"长吟,"雪"字和"白"字要加重语气,明确诗人经过慎重考虑后得出的结论:雪花在颜色的洁白上压过了梅花。第四句第四字"梅"和韵字"香"长吟,"雪"字和"一"字要吟得短促一些,强调雪花跟梅花相比,毕竟输了一股清香,"一"字恰如其分地指出了香味的差距,反映出作者在经过权衡之后认为雪花和梅花各有千秋、难分高下的观点。本诗构思新颖,用互为抑扬的手法礼赞了雪花和梅花不分伯仲的美。吟诵时要带着欣赏、喜悦的感情。

格律诗通常一首诗押一个韵,但首句入韵的诗允许押邻近的韵。本诗押七阳韵,首句以三江韵"降"字叶入,叫作"飞雁入群"。详见139页《稚子弄冰》"导读"。

用韵:上平声三江韵;韵字:降。下平声七阳韵;韵字:章、香。

雪　梅

〔宋〕卢钺

梅雪争春/未肯降，
骚人/阁笔费评/章。
梅须/逊雪三分/白，
雪却输梅/一段香。

三十

出 塞

〔唐〕王昌龄

秦时明月汉时关,
万里长征人未还。
但使龙城飞将在,
不教胡马度阴山。

【导读】

本诗是唐代诗人王昌龄（？—756年）的一首边塞诗，被誉为唐人七绝的压卷之作。明月依旧，关塞依旧，自秦汉至今，战事不断。将士们不远万里为国戍边征战，至今没有归来。假如汉朝时驻守龙城的飞将军李广仍然健在，他绝对不会让匈奴人越过阴山侵犯中原。

这是一首平起平收首句入韵的七言绝句。按照格律要求，第一句第三字"明"应仄而平，第二句第五字"人"字应仄而平，两例都在"一三五不论"的位置上，这些地方重点要知道它的格律。第四句第一字"不"应平而仄，由第三字"胡"应仄而平作为补救。吟诵时第一句的第二字和第六字，第二句的第四字，第三句的第四字，第四句的第二字和第六字要长吟，即吟诵节奏为"二六、四、四、二六"。

　　诗人从历史时空来审视边塞战争，既赞美将士的爱国热情和卫国壮举，也不回避战争的艰苦；既表现了人民世世代代对和平生活的向往，同时也隐含着对现实中朝廷用人不当、将非其人的讽刺。内容丰富，感情深沉复杂，意境深沉开阔。吟诵时定调不可过高，也不可过低，一定要注意低沉中有高亢，苍凉中有激越的特色。第一句"月"字要重读，处于二、六位置的两个"时"字和韵字"关"要长吟，强调以千古不变的明月和关塞作为历史的见证。第二句第四字"征"和韵字"还"长吟，"未"字重读，既强调从秦汉以来无数战士从征未还的悲剧，又赞扬将士前仆后继奔赴战场的爱国热情。第三句"但"字重读，第四字"城"长吟。第四句第二字"教"处在平声的位置上，读做"jiāo"，要长吟。第六字"阴"和韵字"山"也要长吟，"不"字和"度"字重读，吟出作者将现实的感受和历史的回顾结合起来的复杂的感受。

　　用韵：上平声十五删韵；韵字：关、还、山。

出 塞

1=♭E 〔唐〕王昌龄

5 6 5 6· 5 6 1 3 0 1 6 6 1· 6 - 6 5· |
秦 时／明 月 汉 时／关，

1 3 3 5 6 6 - 5 6 1 3 5 6· 6 5· |
万 里 长 征／人 未 还。

1 6 3 5 5 6 5 6· 1 1 3 1 6 0 |
但 使 龙 城／飞 将 在，

1 3 0 1 - 6 1 3 5 1 3 6 - 6 - 6 5· ‖
不 教／胡 马 度 阴／山。

三十一

凉州词 (liáng zhōu cí)

〔唐〕王翰

葡萄美酒夜光杯，
欲饮琵琶马上催。
醉卧沙场君莫笑，
古来征战几人回？

【导读】

本诗是唐代诗人王翰（生卒年不详）的一首边塞格律诗，描写了将士们开怀畅饮的场面。夜光杯里盛满了美味的葡萄酒，将士们正要举杯畅饮，就听到了从马背上传来的助兴催饮的琵琶声。即使将士们喝得酩酊大醉倒在了战场上，也无须取笑，要知道自古以来出征的将士有几个能平安归来呢？

这是一首平起平收首句入韵的七言绝句。格律很工整，只有第四句第一字"古"应平而仄，由第三字"征"应仄而平作为补救。吟诵时第一句的第二字和第六字、第二句的第四字，第三句的第四字，第四句的第二字和第六字要长吟，即长吟节奏为"二六、四、四、二六"。

　　此诗第一句第二字"葡"、第六字"光"和韵字"杯"长吟。玉杯美酒，举杯痛饮，吟出琳琅满目的宴会上欢畅的气氛。第二句"欲"加重语气，第四字"琶"和韵字"催"长吟，反映"欲"饮未得之时，乐队奏起了琵琶急促欢快的旋律，似乎在催促将士们举杯痛饮，吟出热烈沸腾的气氛。第三句第四字"场"一字两读，这里处在平声的位置上，读作"cháng"，要长吟，"莫"字和"笑"字加重语气。第四句第二字"来"、第六字"人"和韵字"回"长吟，既强调自有战争以来生还者极少的悲惨事实，表现戍边将士开怀痛饮、一醉方休背后的丝丝忧伤与沉痛，又突出他们将生死置之度外的旷达。整首诗充满浓郁的异域风情和边地色彩。前两句要吟出奔放的情绪、狂热的气氛、激越的节奏。后两句要在爽朗、明快、旷达之中带有些许悲凉和感伤。

　　用韵：上平声十灰韵；韵字：杯、催、回。

凉州词

〔唐〕王翰

1=♭E

5 6 5 6.	3 5 3 5 1 3 6 — 6 — 6 5.
葡 萄 /	美 酒 夜 光 / 杯,

| 1 6 0 3 5 5 6 5 6. | 3 5 1 3 6 — 6 5. |
| 欲 饮 琵 琶 / | 马 上 催。 |

| 1 3 1 6 1 6 1. 6 | 1 3 0 1 6 0 |
| 醉 卧 沙 场 / | 君 莫 笑, |

| 3 5 5 6. 1 1 6 3 5 5 6. | 5 6. 6 5. |
| 古 来 / 征 战 几 人 / | 回? |

三十二

夏日绝句

〔宋〕李清照

生当作人杰，
死亦为鬼雄。
至今思项羽，
不肯过江东。

【导读】

本诗是宋代诗人李清照（1084—约1151年）的一首怀古诗，通过歌咏西楚霸王项羽的英雄气概，来讽刺南宋统治者的苟且偷生。人活着就要做人中豪杰，即使是死，也要成为鬼中英雄。我至今还在怀念西楚霸王项羽，他宁可自刎于乌江，也绝不苟且偷生，退回江东。

这是一首五言绝句。前两句中"当"字和"人"字是平声，可以适当长吟。"雄"字是平声，而且是韵字，更要加重语气长吟。以突出女诗人难以压抑的英雄之气。"作"字、"杰"字和"亦"字都是入声字，要吟得短促有力，平声和仄声互相配合，强调诗人的价值取向：活着就要做人中的豪杰，建功立业；死了也要为国捐躯，成为鬼中的英雄。后两句"今"字、"江"字和韵字"东"长吟，"不"字重读，以项羽无颜见江东父老、乌江自刎的英雄豪气来反衬当时南宋统治者的偏安一隅、实行妥协投降政策之可耻。这首诗是李清照巾帼不让须眉的代表作，借古讽今，正气凛然，力透纸背，吟诵时要吟出慷慨振奋、掷地有声、振聋发聩的感觉。

用韵：上平声一东韵；韵字：雄、东。

夏日绝句

〔宋〕李清照

1=♭E

生当作人杰,
死亦为鬼雄。
至今思项羽,
不肯过江东。

三十三

四时田园杂兴（其二十五）

〔宋〕范成大

梅子金黄杏子肥，
麦花雪白菜花稀。
日长篱落无人过，
惟有蜻蜓蛱蝶飞。

【导读】

本诗是南宋诗人范成大（1126—1193年）写初夏江南田园景色的一首格律诗。初夏正是梅子金黄、杏子肥润的时节，麦穗扬着白花，油菜花稀稀落落地开着，一片丰收在望的景象。在这漫长的夏日里，篱笆旁边的小路无人经过，只有悠闲的蝴蝶和蜻蜓在款款飞舞。

这是一首仄起平收首句入韵的七言绝句，诗中多处有拗字。第一句第一个字"梅"应仄而平，第二句第一字"麦"应平而仄，第四句第一字"惟"

应仄而平。根据"一三五不论"的原则，这三处均可变通。第三句第一字"日"应平而仄，由第三字"篱"应仄而平来补救。全诗采用"四、二六、二六、四"的吟诵节奏，吟诵时除韵字外，第一句的第四字，第二句的第二字和第六字，第三句的第二字和第六字，第四句的第四字都要长吟。

　　吟诵时首句不宜过高，用中等声调即可。两个"子"字要比其他字吟得稍重一些，从而使第一句有抑扬顿挫之感。第二句的第二字"花"在节奏点上，要长吟；第六字"花"也要长吟，以表现诗人对麦花、菜花的喜爱之情。第三句的第二个字"长"在节奏点上，只有通过长吟才能表现出"日长"的特点。第五字"无"是奇位平声字，根据依义行调的原则，长吟并且加重语气，表现人们非常忙碌的气氛。第四句的第四个字"蜓"和韵字"飞"要长吟，把蜻蜓、蝴蝶翩翩飞舞的景象突出出来。总之，这首诗用清新的笔调和细腻的笔触反映了诗人对农村生活和田园风光的喜爱，吟诵时要舒缓悠扬，吟出诗人的闲适愉悦之情。

　　用韵：上平声五微韵；韵字：肥、稀、飞。

四时田园杂兴(其二十五)

1=♭E 〔宋〕范成大

5 6 3 5 i 6 i. i 3 3 6 5 6. 6 5.
梅 子 金 黄／ 杏 子 肥,

i 3 0 i － 3 5 0 5 6 0 i 3 － 6 － 6 5.
麦 花／ 雪 白 菜 花／ 稀。

i 3 0 6 i. 5 6 i 3 0 5 6 6 i. i 6 0
日 长／ 篱 落 无 人／ 过,

5 6 3 5 6 6 i. 5 6 0 5 6 0 6 － 6 5.
惟 有 蜻 蜓／ 蛱 蝶 飞。

三十四

宿新市徐公店

〔宋〕杨万里

篱落疏疏一径深,
树头新绿未成阴。
儿童急走追黄蝶,
飞入菜花无处寻。

【导读】

本诗是南宋诗人杨万里(1127—1206 年)的一首写景绝句,描写了春夏之交农村的自然之景和孩童的天真烂漫,表现出作者对乡村和谐生活的喜爱。稀疏的篱笆外有一条小路延伸到远处,树上的花瓣已经飘落,新抽出的嫩叶还没有形成浓密的树荫。小孩子急急地奔跑着想要捕捉飞舞的蝴蝶,然而蝴蝶却飞入一片金黄色的油菜花田,无处可寻。

这是一首仄起平收首句入韵的七言绝句。按照格律要求,第一句第一字"篱"应仄而平，属"一三五不论"范畴。第二句第一字"树"应平而仄，第三字"新"应仄而平救之。第四句第一字"飞"应仄而平，第三字"菜"应平而仄救之。第五字"无"应仄而平，亦属"一三五不论"范畴。吟诵时除韵字外，第一句的第四字，第二句的第二字和第六字，第三句的第二字和第六字，第四句的第四字要长吟，即吟诵节奏为"四、二六、二六、四"。

此诗第一句第四字"疏"和韵字"深"要长吟，体会放眼望去，一条幽深的小路弯弯曲曲地伸向远方的情景。第二句第二字"头"、第六字"成"和韵字"阴"长吟，"绿"字重读，突出暮春季节树上繁花已谢，刚刚长出的新叶虽绿意葱茏，但还没有形成茂密的树荫。第三句第二字"童"、第六字"黄"长吟，"急"字入声重读。第四句第四字"花"和韵字"寻"长吟。第三句和第四句吟得稍微紧凑一些，表现儿童先是着急飞奔，后因搜寻不到四下张望、若有所失的情景。这首诗既有恬淡的农村风物的静态描写，又有儿童扑蝶的动态刻画，吟诵时要吟出诗人对自然、对童真的细心观察和喜爱，吟出儿童的天真活泼和兴奋好奇。

用韵：下平声十二侵韵；韵字：深、阴、寻。

宿新市徐公店

1=♭E 〔宋〕杨万里

篱落疏疏／一径深，
树头／新绿未成／阴。
儿童／急走追黄／蝶，
飞入菜花／无处寻。

三十五

清平乐·村居

〔宋〕辛弃疾

茅檐低小,溪上青青草。醉里吴音相媚好,白发谁家翁媪?

大儿锄豆溪东,中儿正织鸡笼。最喜小儿亡赖,

xī　tóu　wò　bō　lián　péng
溪　头　卧　剥　莲　蓬　。

【导读】

  这是南宋词人辛弃疾（1140—1207 年）的一首田园词作，描绘出农村的一户人家和谐美好的生活。用茅草盖的屋子屋檐又低又小，门前的溪流两岸长满了碧绿的小草。不知是谁家的两位满头白发的老夫妻喝醉了酒，操着吴地的方言絮絮叨叨，语调亲切悦耳。大儿子在溪流东边的豆田里锄草，二儿子正在编织鸡笼，最让人喜爱的是顽皮的小儿子，他正横卧在溪流边的草丛里，剥着刚摘下的莲蓬。

  辛弃疾的这首《清平乐·村居》描绘了一家五口男女老少不同的生活场景，反映了农村的风景之美和人情之美，表现了作者对田园生活的向往，是一幅栩栩如生、有声有色的农村风俗画。上阕押韵字皆为上声，吟诵时一定要吟出婉转、柔美的调子，传达清新、安宁、和谐、温馨的诗情画意。下阕押平声韵，"东""笼""蓬"三字都要长吟，"最"和"亡赖"加重语气，吟出诗人对朴素安适的农村生活的羡慕以及对小儿天真、活泼、顽皮的喜爱之情。

  用韵：《词林正韵》上阕：第八部仄声，三十小、三十二皓、三十七号通用；韵字：小、草、好、媪。下阕：第一部平声，一东、二冬、三锺通用；韵字：东、笼、蓬。

清平乐·村居

1=♭E　　　　　　　　　　　　　　　　　〔宋〕辛弃疾

5 6 5 6. 1 3 5. | 6 1 3 1 1 - 3 5. |
茅 檐 / 低 小，　溪 上 青 青 / 草。

1 6 3 5 5 6 1 - 6 1 3 3 5. |
醉 里 吴 音 / 相 媚 好，

5 6 0 1 6 0 5 6 6 - 1 3 5. |
白 发 谁 家 / 翁 媪？

1 6 5 6. 5 6 1 3 6 6 - |
大 儿 / 锄 豆 溪 东，

6 5 6. 1 3 6 6 0 6 5 6. 6 5. |
中 儿 / 正 织 鸡 笼。

1 6 3 5 3 6 6 1. 5 6 1 6 0 |
最 喜 小 儿 / 亡 赖，

1 6 1. 1 3 6 6 0 5 6 5 6. 6 5. ‖
溪 头 / 卧 剥 莲 蓬。

三十六

芙蓉楼送辛渐

〔唐〕王昌龄

寒雨连江夜入吴，
平明送客楚山孤。
洛阳亲友如相问，
一片冰心在玉壶。

【导读】

　　本诗是唐代诗人王昌龄（？—756年）在芙蓉楼送别好朋友辛渐时写的一首送别格律诗。寒冷的夜晚，吴地下起了雨，雨水洒落在江天之间；清晨，在孤零零地矗立着的楚山旁，诗人为友人辛渐饯行。诗人叮嘱朋友：你到了洛阳之后，如果有亲朋好友问起我，你就告诉他们，我的心依然如玉壶里的冰一样纯洁。

　　这是一首仄起平收首句入韵的七言绝句。第一句第一字"寒"应仄而平，属"一三五不论"范畴。第三句第一字"洛"应平而仄，由第三字"亲"应仄而平作为补救。吟诵时第一句的第四字，第二句的第二字和第六字，第三句的第二字和第六字，第四句的第四字要长吟，即长吟节奏为"四、二六、二六、四"。

这是王昌龄被贬为江宁丞后写的一首送别诗，但重点不在写送别的依依不舍，而在表现诗人的高洁，同时表达被贬的幽怨。第一句起调要低沉，"雨"字和"夜"字要加重语气，第四字"江"和韵字"吴"长吟，表现苍茫夜色、满江烟雨形成的凄迷暗淡氛围。第二句第二字"明"、第六字"山"和韵字"孤"长吟，"客"字为入声，要读得短促有力，强调楚山的孤独耸峙和诗人客中送客的双重孤独。第三句第二字"阳"、第六字"相"长吟，"如"字、"问"字要加重语气。第四句第四字"心"和韵字"壶"要长吟，"冰"字和"玉"字加重语气。前后照应，突出诗人与洛阳亲友之间的真正了解和信任，也表达诗人清者自清、蔑视谤议的孤高和坚强。这首诗含蓄地反映了诗人遭受打击的愤懑和孤寂心情，吟诵时前两句要含蓄深沉，后两句要斩钉截铁，掷地有声，铿锵有力。

用韵：上平声七虞韵；韵字：吴、孤、壶。

芙蓉楼送辛渐

1=♭E　　　　　　　　　　　　　　　　　　〔唐〕王昌龄

6 i 3 5　5 6 i - | i 3 i 6 0 5 6. 6 5. |
寒 雨 连 江 / 夜 入 吴，

5 6 5 6.　i 3 i 6 0 3 5 6 - 6 - 6 5. |
平 明 / 送 客 楚 山 孤。

i 3 0 6 i.　i 3 5　5 6 i - i 6 0 |
洛 阳 / 亲 友 如 相 问，

6 i 0 i 6 i i - i 3 i 6 0 5 6. 6 5. ‖
一 片 冰 心 / 在 玉 壶。

三十七

塞下曲

〔唐〕卢纶

月黑雁飞高,
单于夜遁逃。
欲将轻骑逐,
大雪满弓刀。

【导读】

本诗是唐代诗人卢纶(约742—约799年)的一首边塞诗,塑造了一位在雪夜率军追敌的英勇将军的形象。夜里,乌云遮挡了月亮,四周黑魆魆的,雁群飞得很高,单于溃败,趁着黑夜悄悄地逃跑。将军率轻骑兵去追捕敌军,纷飞的大雪落满他们的弓和刀。

这是一首仄起平收首句入韵的五言绝句。第三句第一字"欲"应平而仄,属"一三五不论"范畴。按照吟诵五言诗的要求,吟诵时第一句的第四字,第二句的第二字，第三句的第二字，第四句的第四字应长吟，即长吟节奏为"四、二、二、四"。

这首边塞诗赞扬了将军及其所率部下不避艰危杀敌报国的精神，吟诵时要读出振奋、坚毅的情感和必胜的信心。第一句"月"和"黑"二字都是入声字，要读得短促有力，第四字"飞"和韵字"高"要长吟，把月黑风高之夜宿雁惊起的情景和战前的紧张气氛读出来。第二句第二字"于"和韵字"逃"长吟，"夜"和"遁"二字重读，用肯定的语气强调我方对敌情的正确判断：敌人要借着夜色的掩护仓皇逃跑。第三句"欲"字和"逐"字要加重语气，吟出我方决策的及时、轻骑的快捷和行动的迅速，第二字"将"长吟，整句的节奏不要太慢。第四句第四字"弓"和韵字"刀"要长吟，"雪"字要加重语气，强调环境的极度恶劣，突出将士冒雪追敌的警惕与果敢，表现守边将士的爱国热情和大无畏的精神。

此诗第三句的平仄是"平平平仄仄"，骑兵的"骑"字正好在"仄"字位，应念"jì"，作骑兵解。

用韵：下平声四豪韵；韵字：高、逃、刀。

塞 下 曲

1=♭E 〔唐〕卢纶

$\underline{1\ 3}\ 0\ \underline{1\ 6}\ 0\ \dot{1}\ 6\ -\ 6\ -\ \underline{6}\ 5\cdot\ |$
月 黑 雁 飞 / 高，

$\underline{5\ 6}\ \underline{5}\cdot\ \underline{1\ 3}\ \underline{1\ 6}\ \underline{5}\cdot\ \underline{6}\ 5\cdot\ |$
单 于 / 夜 遁 逃。

$\underline{1\ 3}\ 0\ \dot{1}\ -\ \underline{5\ 6}\ \underline{1\ 3}\ \underline{5\ 6}\ 0\ 0\ |$
欲 将 / 轻 骑 逐，

$\underline{1\ 6}\ \underline{3\ 5}\ 0\ \underline{3\ 5}\ 6\ -\ \dot{1}\ -\ \underline{5\ 6}\ \underline{6}\ 5\cdot\ \|$
大 雪 满 弓 / 刀。

三十八

墨 梅

〔元〕王冕

吾家洗砚池头树,
朵朵花开淡墨痕。
不要人夸好颜色,
只留清气满乾坤。

【导读】

本诗是元代诗人王冕（1287—1359年）的一首题画格律诗，通过描写墨梅的淡雅来象征诗人的高风亮节。我家的洗砚池边有一棵梅树，因为经常洗涤笔砚，池水都被染黑了，故而这棵梅花开放时显出淡淡的墨痕。这墨梅不需要别人夸它的颜色好看，只想散发出清香之气弥漫在天地之间。

这是一首平起仄收首句不入韵的七言绝句。按照格律要求，第三句第五字"好"应平而仄，第六字"颜"应仄而平救之。第四句第一字"只"

应平而仄，第三字"清"应仄而平救之。吟诵时除去韵脚字必须长吟之外，一四句为平起句式，第二字和第六字长吟，二三句为仄起句式，第四字长吟，即吟诵节奏为"二六、四、四、二六"。

　　这是王冕题咏自己画作《墨梅图》的一首诗，运用了托物言志的手法，将画格、诗格、人格有机地融为一体，用梅花来象征自己高洁的品质。第一句第二字"家"、第六字"头"长吟，暗示梅花傲霜斗雪的丰姿与诗人傲岸耿介的人格有相似之处，表现主人对梅花的喜爱和自豪之情。第二句第四字"开"和韵字"痕"长吟，"墨"字加重语气，体会墨梅清秀淡雅、端庄素洁的外形和幽独超群的内在气质。第三句第四字"夸"、第六字"颜"长吟，"色"字要吟得短促有力。第四句第二字"留"、第六字"乾"和韵字"坤"长吟，"满"字重读，强调作者独善其身的生活态度和不与世俗同流合污的高洁操守。这首诗借物自喻，意蕴深邃，要吟出含蓄隽永的滋味。

　　用韵：上平声十三元韵；韵字：痕、坤。

墨 梅

〔元〕王冕

1=♭E

5 6 i - 3 5 i 3 5 6 6 i· i 3 0 |
吾 家 / 洗 砚 池 头 / 树,

i 3 i 6 i i - i 3 i 6 0 5 6· 6 5· |
朵 朵 花 开 / 淡 墨 痕。

5 6 0 i 6 6 i i - 3 5 5 6 i 6 0 0 |
不 要 人 夸 / 好 颜 色,

3 5 6 i· i i 3 5 5 6· 6 - 6 5· ‖
只 留 / 清 气 满 乾 / 坤。

三十九

示儿

〔宋〕陆游

死去元知万事空,
但悲不见九州同。
王师北定中原日,
家祭无忘告乃翁。

【导读】

本诗是南宋诗人陆游（1125—1210年）的一首格律诗，是诗人临终前的绝笔，也是诗人的遗嘱，表达了未看到国家统一的深深遗憾及拳拳的爱国之情。原本就知道人死后万事皆空，只是痛心没能亲眼看到国家统一。大宋的军队北伐收复中原的那天，家祭的时候千万不要忘记把喜讯告诉你的父亲。

这是一首仄起平收首句入韵的七言绝句。这首诗格律比较工整，只有第二句"但"字应平而仄,第四句"家"字应仄而平,但两例都在"一三五不论"的位置上,所以这些改动知道就行。吟诵时第一句的第四字、第二句的第二字和第六字、第三句的第二字和第六字、第四句的第四字要长吟,即吟诵节奏为"四、二六、二六、四"。

第一句第四字"知"要长吟,"元"字要加重一下语气,强调有生必有死,人死后万事万物自然都不劳挂心。诗人本来就清楚明白地知道这一点,已经洞察生死之必然。韵字"空"要拖长声音,声音渐低渐弱,要吟出淡淡的悲伤、凄凉意味,但更多的是看淡生死、无所畏惧的坦然。第二句第二字"悲"字、第六字"州"和韵字"同"长吟,"但"字和"不"字加重语气,强调诗人离开人世前没有亲眼看见祖国统一的悲怆心情和死不瞑目的不甘。第三句第二字"师"、第六字"原"长吟,"北"和"日"为入声字,要读得短促有力,吟出诗人对北方沦陷区的深沉牵挂和对收复失地的殷切盼望。第四句第四字"忘"字和韵字"翁"要长吟,反映诗人在弥留之际还是念念不忘异族铁蹄下的中原领土和百姓,吟出爱国感情的深挚、强烈、执着。"忘"字在此处读"wāng",一字两读而意义不变。这首诗是陆游一生爱国思想感情的升华和总结。诗中的情绪无比复杂,既有看不到光复大业的无穷遗憾,又有对南北统一的坚定信念,吟诵时要注意把握悲中有壮的感情基调。

用韵:上平声一东韵;韵字:空、同、翁。

示 儿

1=♭E　　　　　　　　　　　　　　　　〔宋〕陆游

3 5　1 3　6 1 1　-　1 3　1 6　6 - 6 5.｜
死 去 元 知 / 万 事 空，

1 3 1 - 5 6 0　1 3　3 5 6 - 5 6. 6 5.｜
但 悲 / 不 见 九 州 / 同。

5 6 1 - 3 5 0　1 3　6　5 6. 1 3 0 0 ｜
王 师 / 北 定 中 原 / 日，

6 1 3　5 6 1 - 1 6　3 5 6 - 6 5.‖
家 祭 无 忘 / 告 乃 翁。

四十

题临安邸

〔宋〕林升

山外青山楼外楼,
西湖歌舞几时休?
暖风熏得游人醉,
直把杭州作汴州。

【导读】

本诗是南宋诗人林升（生卒年不详）的一首讽喻诗，题在临安一家旅店的墙壁上，讽刺了南宋统治者的苟且偏安和纵情声色，表达了诗人对国家命运的担忧。西湖的四周，远处有绵延的青山，近处是重重的楼阁，湖面游船上的歌舞什么时候才能罢休？和暖的香风吹得享乐的人如痴如醉，简直把避难的杭州当成了昔日的京都汴州。

这是一首仄起平收首句入韵的七言绝句。按照格律要求，第一句"山"

字和"楼"字应仄而平，第二句"歌"字应仄而平，三例都在"一三五不论"的位置上，所以这些改动可以不予理睬。第三句第一字"暖"应平而仄，由第三字"熏"应仄而平作为补救。吟诵时第一句的第四字、第二句的第二字和第六字、第三句的第二字和第六字、第四句的第四字要长吟，即长吟节奏为"四、二六、二六、四"。

此诗第一句第四字"山"和韵字"楼"要长吟，两个"外"字要加重语气，吟出杭州城青山重重的秀丽景色和楼台鳞次栉比的繁华富庶，同时也强调这是一种虚假的繁荣太平景象。第二句"湖"字和"时"字处于二六的位置，要长吟，韵字"休"更要拖长声音，强调南宋权贵们沉迷于花天酒地、轻歌曼舞，日日如此，无休无止。第三句第二字"风"、第六字"人"长吟，吟出"风"字的深刻内涵：既指自然界的春风，又指社会上的淫靡之风，"得"字和"醉"字加重语气，强调达官贵人们整天吃喝玩乐，听歌看舞，昏昏度日，已经陶醉到忘乎所以、不能自拔的程度。第四句两个"州"字要重读，强调此"州"非彼"州"，临时苟安的杭州和故都汴州不可同日而语、混为一谈。"直"字和"作"字要加重语气，这样才能吟出诗人对偏安一隅、不思恢复，只知寻欢作乐、醉生梦死的南宋统治阶级的极大愤慨。这首诗针对南宋黑暗的现实有感而作，它倾吐了在诗人和广大人民心头蓄积已久的郁愤，也表达了诗人对国家民族命运的深切忧虑。吟诵时要注意感情冷热交错的处理，表现出诗歌丰富的情感意蕴。

用韵：下平声十一尤韵；韵字：楼、休、州。

题临安邸

1=♭E 〔宋〕林升

6 1̂3̂ 1̇ 1̇ - 5̂6̂ 1̇ 3̂5̂ 6̇. 6̂5̇.
山 外 青 山 / 楼 外 楼，

1̇ 6̂1̇. 1̇ 3̂5̂ 3̂ 6̂5̂ 6̇. 6̇ - 6̂5̇.
西 湖 / 歌 舞 几 时 / 休？

3̂5̂ 1̇ - 1̇ 6̂1̇0̂ 5̂6̂ 6̂1̇. 1̇ 3̂ 0
暖 风 / 熏 得 游 人 / 醉，

5̂6̂0̂ 3̂5̂ 5̂6̂ 6̇ - 1̇3̇0̇ 1̇6̂ 6̇ - 6̇5̇.
直 把 杭 州 / 作 汴 州。

四十一

己亥杂诗

〔清〕龚自珍

九州生气恃风雷,
万马齐喑究可哀。
我劝天公重抖擞,
不拘一格降人才。

【导读】

本诗是清代诗人龚自珍(1792—1841年)的一首政治诗。原是祭拜玉皇大帝和风神、雷神的诗作,诗人借题发挥,鞭挞了朝野噤声的沉闷现实,呼唤朝廷破格选用人才,期盼国家焕发新的生机。要想让中国大地生气勃勃,只能依靠巨大的社会变革,万马齐喑死气沉沉的社会局面终究让人感到悲哀。我奉劝天公重新振作起来,不拘一格,降下各种有才干的人才。

这是一首平起平收首句入韵的七言绝句。按照格律要求,第一句第一字"九"应平而仄，由第三字"生"应仄而平作为补救。第二句第五字"究"应仄而平，第四句第一字"不"应平而入，但处在"一三五不论"的位置上，可以不予改动。吟诵时第一句的第二字和第六字、第二句的第四字、第三句的第四字、第四句的第二字和第六字要长吟，即长吟节奏为"二六、四、四、二六"。

  此诗第一句第二字"州"、第六字"风"和韵字"雷"长吟，吟出急风惊雷激荡冲刷、振聋发聩的气势。"恃"字加强语气，强调打破陈局、振兴国家，除了疾风迅雷之外，别无他途。第二句第四字"喑"和韵字"哀"要低沉舒缓地长吟，表现出在腐朽的专制统治下，人才被扼杀，思想被禁锢，到处是死气沉沉、令人窒息的沉闷氛围。第三句"公"字长吟，"抖擞"二字重读，吟出诗人勇敢地大声疾呼的斗争精神。第四句第二字"拘"、第六字"人"和韵字"才"长吟，吟出诗人对优秀杰出人才的涌现以及对改革大势形成的热烈期望。"不""一""格"三字皆为入声字，要读得短促且铿锵有力，强调朝廷"不拘一格"荐用人才的重要性。这是一首出色的政治诗，意象壮伟，气势磅礴，寓意深刻。有揭露批判现实的愤激，更有对未来和变革的热切呼唤和憧憬。吟诵时要注意语调的顿挫有力，感情要深沉、强烈、充沛。

  用韵：上平声十灰韵；韵字：雷、哀、才。

己亥杂诗

1=♭E　　　　　　　　　　　　　〔清〕龚自珍

3 5 i - i i 3 i 3 i - 6 - 6 5. |
九 州 / 生 气 恃 风 / 雷，

i 3 3 5 6 i i - 6 3 5 6 - 6 5. |
万 马 齐 喑 / 究 可 哀。

3 5 i 3 i i - 5 6 3 6 3 5 0 |
我 劝 天 公 / 重 抖 擞，

i 3 0 i - i 3 0 5 6 0 i 3 5 6. 5 6. 6 5. ‖
不 拘 / 一 格 降 人 / 才。

四十二

山居秋暝

〔唐〕王维

空山新雨后,
天气晚来秋。
明月松间照,
清泉石上流。
竹喧归浣女,
莲动下渔舟。
随意春芳歇,

<pre>
  ー   ー | | ー
wáng sūn zì   kě liú
 王   孙 自   可 留 。
</pre>

【导读】

  这是唐代诗人王维（701—761年）的一首描山摹水的格律诗，描绘了秋雨后傍晚山村的迷人风光，表现了诗人寄情山水的怡然自得。一场新雨过后，空寂的山谷格外清新，秋天的傍晚，天气十分凉爽。明月映照在幽静的松林间，清澈的泉水在山石上静静流淌。竹林中响起一阵喧闹之声，原来是一群在水边浣纱的妇女归来了。荷叶轻轻摆动，原来是几只小船悠然驶过。纵然春天的美景已逝，眼前的秋景同样迷人，山中的"王孙"大可不必离去。

  这是一首平起仄收首句不入韵的五言律诗。按照格律要求，第二句"天"字应仄而平，第三句"明"字应仄而平，第五句"竹"字应平而入，第六句"莲"字应仄而平，第七句"随"字应仄而平，五例都在五言诗"一三不论"的位置上，所以这些变动是允许的。按照吟诵五言诗的要求，吟诵时第一句的第二字、第二句的第四字、第三句的第四字、第四句的第二字、第五句的第二字、第六句的第四字、第七句的第四字、第八句的第二字应长吟，即本诗的长吟节奏为"二、四、四、二、二、四、四、二"。这就是每句的节奏点再加上本诗的押韵字都要长吟。

  此诗首联"山"字、"来"字和韵字"秋"长吟，突出初秋的傍晚山雨初霁后空气清新、树木繁茂的悠远空明意境。颔联"月"字和"石"字重读，因为王维诗歌中的意象不仅是现实中的物象，更是被诗人人格和情绪改造过的美学形象。这里的明月、清泉、青松、水石，是作者高洁的节操和安宁平和的内心世界的象征，要吟出以物芳而明志洁的象征意味。"间"字、"泉"字和韵字"流"长吟，描绘出一个皎洁、清幽、明净的境界。颈联"竹"字重读，"喧"字长吟，吟出无忧无虑、活泼灵动的生活图景，"渔舟"二字也要拖长声音宛转吟诵，在吟诵中想象渔舟穿过荷丛，密密的荷叶被渔舟分开，随着水流纷纷偏向两旁的情景。尾联"芳"字、"孙"字和韵字"留"长吟，"歇"字要读得短促一些，强调任山中草长草黄、芳菲消歇，王孙自可在此久留，逍遥身心。这首诗描绘了清新幽静的山间美景和安宁淳朴的山居生活，在诗情画意中寄托了诗人的高洁情怀和对理想生活的追求，意境优美，动静相宜，诗画一体，明丽而又蕴藉，吟诵时要吟出诗情画意和诗人热爱自然、向往隐逸生活的情怀。

用韵：下平声十一尤韵；韵字：秋、流、舟、留。

山居秋暝

1=♭E　　　　　　　　　　　　　　　　〔唐〕王维

$\dot{1}\ \dot{1}\ -\ \dot{1}\ \underline{3\ 5}\ \underline{\dot{1}\ 6.}\ |\ \dot{1}\ \underline{\dot{1}\ 3}\ \underline{3\ 5}\ \underline{5\ 6.}\ 6\ -\ \underline{6\ 5.}\ |$

空山／新雨后，　天气　晚来／秋。

$\underline{5\ 6}\ \underline{\dot{1}\ \overset{3}{3\ 0}}\ \dot{1}\ \dot{1}\ -\ \underline{\dot{1}\ 6.}\ |\ 6\ \underline{5\ 6.}\ \underline{5\ 6\ 0}\ \underline{\dot{1}\ 3}\ \underline{5\ 6.}\ \underline{6\ 5.}\ |$

明　月　松间／照，　清泉／石　　上　流。

$\underline{6\ \overset{3}{1\ 0}}\ \dot{1}\ -\ \dot{1}\ \underline{\dot{1}\ 6}\ \underline{3\ 5.}\ |\ \underline{5\ 6}\ \underline{\dot{1}\ 3}\ \underline{\dot{1}\ 6}\ \underline{5\ 6.}\ 6\ -\ \underline{6\ 5.}\ |$

竹　喧／归浣女，　莲　动　下　渔／舟。

$\underline{5\ 6}\ \underline{\dot{1}\ 3}\ 6\ 6\ -\ \underline{6\ \overset{3}{1\ 0}\ 0}\ |\ \underline{5\ 6}\ \dot{1}\ -\ \underline{\dot{1}\ 3}\ \underline{3\ 5}\ \underline{5\ 6.}\ \underline{6\ 5.}\ \|$

随　意　春芳／歇，　　王孙／自　可　留。

四十三

枫桥夜泊 (fēngqiáo yè bó)

〔唐〕张继 (táng zhāng jì)

月落乌啼霜满天，
(yuè luò wū tí shuāng mǎn tiān)

江枫渔火对愁眠。
(jiāng fēng yú huǒ duì chóu mián)

姑苏城外寒山寺，
(gū sū chéng wài hán shān sì)

夜半钟声到客船。
(yè bàn zhōng shēng dào kè chuán)

【导读】

　　本诗是唐代诗人张继（生卒年不详）的一首羁旅诗，是一首格律诗。诗人通过描绘江南的秋江月夜之景，抒发其旅途中寂寞郁结的愁思。在一个静静的秋夜，月亮已经落下去，乌鸦在不停地啼叫，寒霜漫天，凉意袭人。看着江边幽暗的枫林和远处摇曳的渔火，诗人不禁生出愁绪，无法入眠。夜半时分，从姑苏城外的寒山古寺传出的钟声传到了诗人乘坐的小船上。

　　这是一首仄起平收首句入韵的七言绝句。按照格律要求，第一句第五字"霜"应仄而平，第二句第三字"渔"应仄而平，第三句第三字"城"应仄而平，三例都在"一三五不论"的位置上，允许变通。吟诵时第一句的第四字、第二句的第二字和第六字、第三句的第二字和第六字、第四句的第四字要长吟，即长吟节奏为"四、二六、二六、四"。

  此诗第一句"月落"二字为入声字，要读得短促有力，反映作者看到夜深月落的幽暗景象时黯然的心境。第四字"啼"和韵字"天"长吟，强调茫茫夜气如同满天霜华，从四面八方向诗人夜泊的小船聚拢，带给人无限凄清的寒意，乌鸦在暗夜中嘶哑啼鸣又让人闻之心惊。第二句第二字"枫"、第六字"愁"和韵字"眠"长吟，反映出面对江畔隐隐约约的枫林轮廓，江面上星星点点的渔火，愁绪满怀的诗人更加难以入眠。第三句第二字"苏"、第六字"山"长吟，语调要平缓，突出夜幕下整个环境的苍茫和寂静。第四句第四字"声"和韵字"船"长吟，"客"字重读，突出静夜钟声给人的强烈感受，表现客子于舟船之中辗转反侧、卧听钟声时的复杂心绪。这首诗描绘了一幅情味隽永的江南水乡夜景图，景物的选择与人物的心情高度融合，且平声字居多，吟诵时要多关注舒读的字词，吟出静谧、深沉和寂寥之感。

  用韵：下平声一先韵；韵字：天、眠、船。

枫桥夜泊

1=♭E 〔唐〕张继

1 3 0 1 6 0 1 5 6. 1 3 5 6 - 6 5. |
月 落 乌 啼 / 霜 满 天，

1 1 - 5 6 3 5 1 3 5 6. 5 6. 6 5. |
江 枫 / 渔 火 对 愁 / 眠。

1 1 - 5 6 1 3 5 6 1 - 1 3 0 |
姑 苏 / 城 外 寒 山 / 寺，

1 3 1 6 1 1 - 1 3 1 3 0 5 6. 6 5. ‖
夜 半 钟 声 / 到 客 船。

四十四

长相思

〔清〕纳兰性德

山一程,水一程,身向榆关那畔行,夜深千帐灯。

风一更,雪一更,聒碎乡心梦不成,故园无此声。

【导读】

《长相思》是清代著名词人纳兰性德（1655—1685 年）的代表作。这首词融细腻情感于雄壮景色之中，抒发了作者情思深苦的思乡情怀。写词人经过漫长、遥远的跋涉，向山海关进发。到了夜晚人们在旷野上搭起帐篷准备就寝；入夜，营帐中灯火辉煌，宏伟壮丽。然而夜已深，帐篷外风雪交加，阵阵风雪声搅得人无法入睡。这样的天气，这样的境遇，让词人对这表面华丽招摇的生活生出了悠长的慨叹之意和深沉的疲惫之心。作者思乡心切，孤单落寞，不由得生出怨恼之意。此诗格调清淡朴素，自然雅致，直抒胸臆，毫无雕琢痕迹。

《长相思》词韵为双调36字，分为上下片。每片4句，2句叠韵，2句平韵。词的用韵相对宽泛，第一、三字原则上可以不论，但词文中的五、七律句必须讲究。如"夜深""故园"两处讲究平平，"夜"字、"故"字应平而仄，由两句的第三字"千"和"无"字应仄而平来补救。

这首词采用山、水、千帐灯、风、雪等大的物象寄托细腻的情感思绪，柔情之中露出男儿的慷慨报国之志。这首词的风格婉约，笔调缠绵。上阕"一程"二字重复使用，突出了路途的漫漫修远。"一"是入声字，要读得短促。"程"应用低沉的音调长吟。"那畔"一词颇含疏远的感情色彩，二字均为仄声，应重读，要读出词人奉命出行"榆关"无可奈何的心情。"夜深千帐灯"既是上阕感情酝酿的高潮，也是上、下阕之间的自然转换，起到承前启后的作用。"千帐"要重读，"深"和"灯"要长吟。"一更"二字反复出现，要低声长吟，把风雪交加、凄寒苦楚的悲情表达出来。"聒碎乡心梦不成"的"聒"字用得很传神，要吟得高而短促，要读出诗人的焦虑、怨怼和幽苦之情；"心"和"成"要长吟，要读出风狂雪骤的气势，表现出词人对狂风暴雪极为厌恶的情感。"故园无此声"一句语气渐渐委婉起来，"声"是韵字，要长吟，要读出词人梦回家园的期盼之情。

用韵：下平声八庚部；韵字：程、行、灯、更、成、声。

长相思

1=♭E　　　　　　　　　　　　　　〔清〕纳兰性德

i - i 3 0 5 6. | 3 6. i 3 0 5 6. 6 5. |
山 一 程，　水 一 程，

i i 3 5 6. 6 - i 3 i 6 5 6. 6 5. |
身 向 榆 关 / 那 畔 行，

i 3 i - 6 i 6 6 - 6 5. |
夜 深 / 千 帐 灯。

i - i 3 0 i - | 3 5 0 0 i 3 0 6 - 6 5. |
风 一 更，　雪 一 更，

5 6 0 i 3 6 6 - i 3 i 6 0 5 6. 6 5. |
聒 碎 乡 心 / 梦 不 成，

i 3 5 6. 5 6 3 5 6 - 6 5. ‖
故 园 / 无 此 声。

四十五

四时田园杂兴（其三十一）

〔宋〕范成大

昼出耘田夜绩麻，
村庄儿女各当家。
童孙未解供耕织，
也傍桑阴学种瓜。

【导读】

本诗是南宋诗人范成大（1126—1193年）的一首田园诗，描写了农村男女老少辛勤劳作的场景。白天到田里耕种，夜里在家里纺麻，村庄里的男女各自都有要干的活儿，各司其职。儿童虽然还不会耕田织布，但他们也在桑阴下学习种瓜。

这是一首仄起平收首句入韵的七言绝句。诗歌格律工整，只有第二句第三字"儿"应仄而平，属"一三五不论"范畴。吟诵时除韵字外，第一句的第四字，第二句的第二字和第六字，第三句的第二字和第六字，第四句的第四字要长吟，即本诗长吟节奏为"四、二六、二六、四"。

这首诗抓住农村日常生活的一些细节，表现了农村男女老少各司其职、安居乐业的情景，也反映了儿童的天真活泼。吟诵时要带着欣赏和赞叹的语调，这样才能表现作者对田园牧歌式的农村生活的向往。第一句"出"和"绩"字为入声字，要读得短促有力，第四字"田"和韵字"麻"长吟，强调农民昼夜皆有劳作的辛苦和繁忙。第二句第二字"庄"、第六字"当"和韵字"家"长吟，"各"字重读，突出年轻男女各管一行、各负其责，紧张忙碌而又有条不紊。第三句第五字"供"，应读"gōng"。第二字"孙"、第六字"耕"长吟，"织"字入声重读而促。第四句第四字"阴"和韵字"瓜"长吟，表现农家儿童从小耳濡目染，喜爱劳动，在茂盛的桑树荫下学习种瓜的情景，吟出农村儿童的天真可爱和诗人对劳动者的赞美之情。

用韵：下平声六麻韵；韵字：麻、家、花。

四时田园杂兴（其三十一）

1=♭E　　　　　　　　　　　　　　　　〔宋〕范成大

i 3 i i 0 5 6 5. i 3 i i 0 5 6. 6 5. |
昼 出 耘 田 / 夜 绩 麻，

i i - 5 6 3 5 i 3 0 6 - 6 - 6 5. |
村 庄 / 儿 女 各 当 / 家。

5 6 6 - i 3 5 6 6 - 6 6 0 0 |
童 孙 / 未 解 供 耕 / 织，

3 5 i 3 i i - 5 6 0 i 3 6 - 6 5. ‖
也 傍 桑 阴 / 学 种 瓜。

四十六

稚子弄冰 (zhì zǐ nòng bīng)

〔宋〕杨万里 (sòng yáng wàn lǐ)

稚子金盆脱晓冰，
彩丝穿取当银钲。
敲成玉磬穿林响，
忽作玻璃碎地声。

【导读】

本诗是南宋诗人杨万里（1127—1206年）写的一首记述小娃儿耍弄冰块的游戏诗，表现了儿童的调皮可爱及诗人对孩童的喜爱之情。一个小孩子早上起来，从结有坚冰的铜盆里剜冰，用彩丝穿起来当银锣来敲。敲出的声音像玉磬一般穿越树林，突然冰落在地，发出玻璃一般的碎裂声。

这首诗是一首仄起平收首句入韵的七言绝句。整首诗格律比较规整，只有第二句的第一个字"彩"应平而仄，由第三个字"穿"应仄而平来补救。吟诵时除韵字外，第一句的第四字，第二句的第二字和第六字，第三句的第二字和第六字，第四句的第四字要长吟，即本诗长吟节奏为"四、二六、二六、四"。

这首七言绝句绘声绘色地表现出儿童以冰为钲、自得其乐的盎然意趣。因此，稚气和乐趣是此诗的情感基调。吟诵时，首句起调稍高一些。"脱"是入声字，要重读而语气短促，"取"是去声，要重读，以突出寒天"弄冰"、童心炽热的心态；"金""彩""银"三个色词要重读，突出冰块的色彩和形态。"冰""钲"是韵字，要长吟。前两句要把孩子的顽皮聪明表现出来。第三句中的"玉磬"高音重读，以突出美妙的乐声。"穿"字要适当长吟，将声音的清脆和穿透力展示出来。第四句中的"碎"要用短促的声音重读，表现猝不及防的遗憾。"声"是韵字，要长吟并且读得低沉。全诗突出一个"稚"字。稚气和乐趣能使儿童忘却严冬的寒冷，而孩童的"脱冰为戏"的场景在老人的眼里才饶有情趣。这样孩童的稚气与老人的"天真"相映成趣，融为形之于笔端的盎然诗意。

格律诗原则上一首诗只能押一个韵，但首句入韵的诗可变通，允许押邻近的韵，叫作"飞雁入群"。如本诗首句韵字"冰"属平水韵"下平声十蒸韵"，而本诗的"钲""声"两韵字属"下平声八庚韵"。"冰"与"钲""声"在同一首格律诗押韵就是"飞雁入群"。

用韵：下平声十蒸韵，韵字：冰。下平声八庚韵，韵字：钲、声。

稚子弄冰

1=♭E 〔宋〕杨万里

稚子金盆／脱 晓 冰，

彩丝／穿取当银／钲。

敲成／玉磬穿林／响，

忽作玻璃／碎地声。

四十七

村晚

〔宋〕雷震

草满池塘水满陂,
山衔落日浸寒漪。
牧童归去横牛背,
短笛无腔信口吹。

【导读】

本诗是南宋诗人雷震（生卒年不详）写的一首描写农村晚景的格律诗：在四周长满青草的池塘里，池中的水灌得满满的，太阳正要落山，红红的火球好像被山吃掉一样，倒映在冰凉的池水波纹中。放牛回家的孩子横坐在牛背，他拿着短笛随意吹奏。诗人即景而写，构成了一幅饶有生活情趣的牧童骑牛晚归图，真正达到了"诗中有画"的境界。

这是一首仄起平收首句入韵的七言绝句。这首诗的格律相对比较规整。

只有第三句的第一个字"牧"应平而仄，由第三个字"归"应仄而平补救。全诗采用"四、二六、二六、四"的吟诵形式，吟诵时第一句的第四字、第二句的第二字和第六字、第三句的第二字和第六字、第四句的第四字均要长吟。

  恬静又活泼可以看作此诗的情感基调。吟诵时，首句的两个"满"字要高音重读，突出春天草萋萋、雨绵绵的特点。次句中的"衔"位于节奏点，要适当长吟，形象地展示落日挂在山头的情景。青山与落日靠"浸"字维系，使池塘显得很热闹，色彩也十分绚丽。所以"浸"字要重读。在这样宁静优美的背景中，主人公——牧童登场了。他骑着牛儿，走向村庄，手中拿着支短笛，随意吹着。与上两句的恬静相比，这两句描绘得非常生动活泼。牧童骑着牛，不是规规矩矩地骑，而是横坐着，"横"字要适当长吟；他吹笛也不是认真地吹，而是"无腔信口吹"，"信"字重读并适当长吟，"吹"是韵字应长吟，把牧童调皮天真的神态活生生地呈现在读者面前。

  用韵：上平声四支韵；韵字：陂、漪、吹。

村 晚

1=♭E　　　　　　　　　　　　　〔宋〕雷震

3 6 3 5 5 6. 6 1.　3 6 3 5 5 6. 6 5. |
草 满 池 塘／水 满 陂，

1 5 6. 1 3 0 1 6 0 1 3 5 6. 6 - 6 5.
山 衔／落 日 浸 寒／漪。

1 3 0 5 6. 1 1 3 5 6. 5 6. 1 3 0 |
牧 童／归 去 横 牛／背，

3 5 5 6 0 5 6 1 - 1 6 3 5 6 - 6 5. ‖
短 笛 无 腔／信 口 吹。

四十八

从军行

〔唐〕王昌龄

青海长云暗雪山，
孤城遥望玉门关。
黄沙百战穿金甲，
不破楼兰终不还。

【导读】

这是唐代诗人王昌龄（？—756年）写的一首边塞诗。青海湖上蒸腾而起的漫漫云雾，遮得连绵雪山一片暗淡，站在孤城之上遥望着远方的玉门关。黄沙万里，频繁的战争磨穿了守边将士身上的铠甲，而他们壮志不灭，不打败进犯之敌，誓不还乡。诗歌表现了将士决战决胜的顽强斗志和爱国主义的豪迈气概。

这是一首仄起平收首句入韵的七言绝句。此诗的格律比较规整。只有第四句的第五个字"终"应仄而平。根据"一三五不论"的原则，此处可以变通。吟诵时第一句的第四字、第二句的第二字和第六字、第三句的第二字和第六字、第四句的第四字及韵字均要长吟，即此诗长吟节奏为"四、二六、二六、四"。

　　这首诗气象恢宏开阔，情调悲凉壮美，意境深邃高远。前两句中的"长云""孤城"渲染了苍凉悲壮的气氛，要长吟，要吟得低沉而压抑；"暗"适当重读，表现阴沉的战争氛围和苍凉的境界。"雪""玉"是入声字，要读得短促有力。"遥望"音调适当提高，以突出距离的遥远；韵字"山""关"要长吟。后两句，对戍边将士的战斗生活与胸怀襟抱作了集中概括的表现和书写。"黄沙"适合长吟，渲染边塞战场荒凉萧瑟；从"百战"二字音调开始升高，突出边塞战斗之频繁；而"穿金甲"三字要读得慷慨高亢，渲染了战斗之艰苦、激烈和戍边壮士报国的坚强意志。尾句中的"不"和"破"的声母都是爆破音，要读得掷地有声、铿锵有力，表达出将士杀敌报国的决绝之情。"还"是韵字，要长吟。

　　用韵：上平声十五删韵；韵字：山、关、还。

从军行

〔唐〕王昌龄

i 3̲5̲ 5̲6̲ 6 - i 6̲ 3̲5̲0̲ 6 - 6̲ 5. |
青 海 长 云／暗 雪 山，

i 6̲ i. 5̲6̲ i 3̲ i 6̲0̲ 5̲ 6. 6 - 6̲ 5. |
孤 城／遥 望 玉 门／关。

5̲ 6. i - 3̲5̲0̲ i 3̲ 6 6 - 3̲5̲0̲0̲ |
黄 沙／百 战 穿 金／甲，

5̲6̲0̲ i 3̲ 5̲6̲ 6̲ i i i 3̲0̲ 5̲ 6. 6̲ 5. ‖
不 破 楼 兰／终 不 还。

四十九

秋夜将晓出篱门迎凉有感

〔宋〕陆游

三万里河东入海,
五千仞岳上摩天。
遗民泪尽胡尘里,
南望王师又一年。

【导读】

这是南宋诗人陆游（1125—1210年）所写的一首爱国主义诗篇。诗人作此诗时，中原地区已沦陷于金人之手六十多年。此时爱国诗人陆游被罢斥归乡，在山阴乡下向往着中原地区的大好河山，也惦念着中原地区的人民，盼望宋朝能够尽快收复中原，实现统一。这首诗表达了作者忧国忧民的爱国情怀以及对北方人民的同情。黄河绵延千里，滔滔不尽，向东注入渤海。四岳耸立千仞，直冲云霄。铁蹄下宋朝遗民在杀喊声中过着痛苦的生活，他们欲哭无泪；又是一个年头过去了，不知道这种痛苦的煎熬还有多久，他们还在向南方张望，盼望宋朝能够尽快收复中原，实现统一。

  这是一首仄起仄收首句不入韵的七言绝句。这首诗第一句的第一个字"三"应仄而平，由第三个字"里"应平而仄补救；第二句的第一个字"五"应平而仄，第四句的第一个字"南"应仄而平。根据"一三五不论"的原则，这两处均可变通。全诗采用"四、二六、二六、四"的吟诵形式，第一句的第四字、第二句的第二字和第六字、第三句的第二字和第六字、第四句的第四字和韵字均要长吟。

  本首诗的感情基调是由豪放、悲切到抑郁失望。首句吟诵时起调要高昂，"三""河""东"三字要读高音，先把情绪调动起来。"东"字在七言诗的第五个位置上，又是平声，可以安排长吟。第二句"千""摩"及韵字"天"都可以长吟。尤其是"摩天"二字，长吟才能把高入云端的"仞岳"表现出来。从第三句开始，诗人笔锋陡转，吟诵的语调、情感也随之发生变化。"遗民"二字要吟得低沉，表达对遗民的同情。"胡尘"应读中高音。"胡"应该长吟，意在提醒人们不要忘记金人的入侵。尾句的"又"字十分重要，"又"是仄声字，本不该长吟，但为了抒发诗人内心的抑郁、苦闷和失望之情，以适当长吟为好。"年"是韵字，要长吟，把诗人对遗民的同情、对当局的不满都通过长吟表现出来。

  用韵：下平声一先韵；韵字：天、年。

秋夜将晓出篱门迎凉有感

〔宋〕陆游

1=♭E

```
6  1 3  3 5  6 1.  1  1 3 0  3 5. |
三  万 里  河     东  入     海,

3 5 1 - 1 3 1 6 0 1 3 5 6. 6 - 6 5. |
五 千   仞 岳  上 摩   天。

5 6 6 1.  1 3 1 6 5 6 5 6.  3 5. |
遗 民   泪 尽 胡 尘   里,

5 6 1 3 5 6 1 - 1 3 1 6 0 5 6. 6 5. ‖
南 望 王 师  又 一   年。
```

五十

闻官军收河南河北

〔唐〕杜甫

剑外忽传收蓟北,
初闻涕泪满衣裳。
却看妻子愁何在,
漫卷诗书喜欲狂。
白日放歌须纵酒,
青春作伴好还乡。
即从巴峡穿巫峡,

| | | ＿ ＿ | ！ ＿
biàn xià xiāng yáng xiàng luò yáng
便 下 襄 阳 向 洛 阳 。

【导读】

　　这是唐代诗人杜甫（712—770年）写的一首七律。宝应元年（公元762年）冬季，唐军在洛阳附近的衡水打了一个大胜仗，叛军头领薛嵩、张忠志等纷纷投降。次年春杜甫听到这消息，不禁惊喜欲狂，手舞足蹈，这首七律脱口而出。诗的前半部分写初闻喜讯的惊喜；后半部分写诗人手舞足蹈做返乡的准备，凸显了急于返回故乡的欢快之情。剑外忽然传来收复蓟北的消息，诗人一听到胜利的消息涕泪即刻洒满衣裳。回头看妻子和孩子哪还有一点的忧伤，胡乱地卷起诗书欣喜若狂。大白天放声高歌痛饮美酒，趁着明媚春光与妻儿一同返回家乡。计划马上就从巴峡穿过巫峡，经过襄阳后便直奔洛阳老家。

　　这是一首仄起仄收首句不入韵的七言律诗。这首诗的格律相对比较规整。第一句第三字"忽"应平而入，根据"一三五不论"的原则，此处可以变通。第三句的第一个字"却"应平而仄，由第三个字"妻"应仄而平补救。第七句的第一个字"即"应平而仄，第三个字"巴"应仄而平补救。全诗采用"四、二六、二六、四、四、二六、二六、四"的吟诵形式，第一句的第四字，第二句的第二、第六字，第三句的第二、第六字，第四句的第四字，第五句的第四字，第六句的第二、第六字，第七句的第二、第六字，第八句的第四字以及韵字均要长吟。

　　全诗情感奔放，处处渗透着"喜"字，痛快淋漓地抒发了作者无限喜悦兴奋的心情。首联中的"忽"要读得重而有力，"传"要长吟，要恰切地表现捷报的突然和诗人闻讯后的惊喜之情。"初闻"要长吟，"满"，要重读，把诗人喜极而悲、悲喜交集的真情实感表现出来。颔联以转作承，落脚于"喜欲狂"，以突出惊喜的高峰。"看"处于节奏点上，此处读为平声"kān"，应长吟，"书"和"狂"要适当长吟，把诗人狂喜的情态展示出来。颈联上句写诗人的"狂"态,下句则写"狂"想。"歌""春""乡"要适当长吟,表达出诗人的狂喜之情。尾联写诗人"青春作伴好还乡"的狂想。诗人的惊喜达到高潮。这一联两句一气贯注,同时又是活泼流走的流水对。"巴峡""巫峡""襄阳""洛阳",这四个词应该用舒缓的语气长吟,突出四个地方之间距离的漫长。"穿""下"要重读,表现顺流疾驶的画面。全诗感情奔放,痛快淋漓地抒发了作者无比喜悦的心情,表达了诗人真挚的爱国情怀。

用韵:下平声七阳部,韵字:裳、狂、乡、阳。

闻官军收河南河北

〔唐〕杜甫

剑外忽传／收蓟北，
初闻／涕泪满衣／裳。
却看／妻子愁何／在，
漫卷诗书／喜欲狂。
白日放歌／须纵酒，
青春／作伴好还／乡。
即从／巴峡穿巫／峡，
便下襄阳／向洛阳。

五十一

宿建德江

〔唐〕孟浩然

移舟泊烟渚,
日暮客愁新。
野旷天低树,
江清月近人。

【导读】

本诗是唐代诗人孟浩然（689—740年）刻画秋江暮色和羁旅之思的名篇。傍晚时分，行船停靠在江中的一个烟雾朦胧的小洲边，乡愁又一次涌上客子的心头。远处的天空显得比近处的树木还要低。夜已降临，高挂在天上的明月，映在澄清的江水中，和舟中的人是那么近。先写羁旅夜泊，再叙日暮添愁；然后写到宇宙广袤宁静。一隐一现，虚实相间，两相映衬，互为补充，构成一个特殊的意境，野旷江清，秋色历历在目，把诗人内心的忧愁写得淋漓尽致。

　　这是一首平起仄收首句不入韵的五言绝句。这首诗第一句按照格律应为"平平平仄仄"，但本诗中的第三个字拗了，即"泊"应平而仄；诗人用第四个字去补救，即"烟"应仄而平。全诗采用"二、四、四、二"的吟诵形式，第一句的第二个字，第二句的第四个字，第三句的第四个字，第四句的第二个字以及韵字均要长吟。

　　这首诗要读出低沉而彷徨的愁绪。前两句的"舟"和"愁"要长吟，把诗人羁旅的惆怅、仕途的失意、人生的坎坷、心里的千愁万绪表达出来。后两句用"野""旷""天"几个字连续用开口呼音，声音要响亮，表现出天地的空旷和诗人的孤独之情。"清"和"人"适当长吟，要诵出诗人的愁苦和对回家的期盼之情。

　　用韵：上平声十一真韵；韵字：新、人。

宿建德江

1=♭E 〔唐〕孟浩然

移舟/泊烟渚,
日暮客愁/新。
野旷天低/树,
江清/月近人。

五十二

六月二十七日望湖楼醉书

〔宋〕苏轼

黑云翻墨未遮山，
白雨跳珠乱入船。
卷地风来忽吹散，
望湖楼下水如天。

【导读】

这是宋代著名诗人苏轼（1037—1101年）的名作。北宋熙宁五年（1072年），时任杭州通判的诗人游览西湖，奇妙的湖光山色吸引了作者，趁着酒兴，写下一组绝句五首。这是第一首，描绘西湖上突遭急雨瞬息万变的景象。黑云浓得像打翻的墨水，还没有来得及把周边的山峰完全遮住，大雨就倾盆而泻了，白色的雨点和迸溅起的水珠纷纷跳进船舱。猛然间狂风卷过，云飞雨散，湖面风平浪息，水色天光，澄澈一片。这是一场突然而来倏然而去的雨，在诗人笔下情境如画，情趣盎然，看似随意挥洒，却是匠心独运。语言之精到，结构之巧妙，令人赞叹。

  这是一首平起平收首句入韵的七绝，按照格律，第一句第一字"黑"应平而入，由第三字"翻"应仄而平补救。第二句"跳"字在此处读"tiáo"，如果读为"tiào"，本句就犯了孤平。第三句第五字"忽"应平而入，由第六字"吹"应仄而平补救，这叫作"五拗六救"。第四句第一字"望"应平而仄，由第三字"楼"应仄而平补救。此诗吟诵采用"二六、四、四、二六"的吟诵形式，除韵脚字要长吟外，第一句的第二、六字，第二、三句的第四字，第四句的第二、六字长吟。本诗入声字较多，"黑""墨""白""入""忽"均要吟得短而促，出口即收，与诗的景色与情绪变化迅疾相应。平声字"遮""来""吹"适当长吟，突出表现云遮、风来、水如天的景色。此为写景诗，诗人在望湖楼饮酒赏景，遇见一场骤雨，描摹雨景。前两句"翻墨"比乌云，写云急；"跳珠"绘雨景，写雨急；景急、情急、语急，情绪急切激烈，吟诵语速适当加快，表现云遮山罩、狂风暴雨骤然而至的情境。后两句语速可以适当放慢，表现诗人楼头眺望，雨后天晴，水天一色的情景，韵味悠然。

  格律诗通常一首诗押一个韵，但首句入韵的诗允许用邻韵过渡，叫作"飞雁入群"。如本诗首句韵字"山"属"上平声十五删"，而"船""天"两韵字属"一先"。"山"与"船""天"押韵就是"飞雁入群"。

  用韵：上平声十五删；韵字：山。下平声一先韵；韵字：船、天。

六月二十七日望湖楼醉书

1=♭E　　　　　　　　　　　　　　〔宋〕苏轼

$\widehat{1\ 1}\ 0\ \widehat{5\ \underline{6}.}\ \dot{1}\ |\ \widehat{\dot{1}\ 3}\ 0\ \dot{1}\ \widehat{6\ 6}\ -\ 6\ -\ \underline{6}\ 5.\ |$
黑 云／　翻 墨　未 遮／　山，

$\widehat{6\ \dot{1}}\ 0\ \widehat{3\ 5}\ \widehat{5\ 6}\ \dot{1}\ -\ \dot{1}\ 3\ \widehat{\dot{1}\ 6}\ 0\ \widehat{5\ \underline{6}.}\ \underline{6}\ 5.\ |$
白 雨 跳 珠／　乱　入　船。

$\widehat{3\ 5}\ \widehat{\dot{1}\ 3}\ 6\ \widehat{5\ \underline{6}.}\ \widehat{\dot{1}\ \dot{1}}\ 0\ \dot{1}\ \widehat{\dot{1}\ 6}\ 0\ |$
卷 地 风 来／　忽　吹 散，

$\widehat{\dot{1}\ 3}\ \widehat{5\ \underline{6}.}\ \widehat{6\ \dot{1}}\ \widehat{\dot{1}\ 3}\ \widehat{3\ 5}\ \underline{5}\ 6.\ 6\ -\ \underline{6}\ 5.\ \|$
望 湖／　楼 下 水 如／　天。

五十三

西江月·夜行黄沙道中

〔宋〕辛弃疾

明月别枝惊鹊,清风半夜鸣蝉。稻花香里说丰年,听取蛙声一片。

七八个星天外,两三点雨山前。旧时茅店社林边,

｜　｜｜　—　—　！　＜
　　　lù　zhuǎn　xī　qiáo　hū　xiàn
　　　路　转　溪　桥　忽　见　。

【导读】

　　这是南宋词人辛弃疾（1140—1207年）被贬官闲居江西上饶时的词作，用宁静的笔调描写了江南山村夏夜的生活场景，表达了诗人对丰收之年的喜悦和对农村生活的热爱。《西江月》原是唐教坊曲名，后用作词牌名，"夜行黄沙道中"是词题。上阕前两句用明月鹊惊、清风蝉鸣写山村的宁静，用稻花飘香、蛙声人语写山村的生气；下阕疏星、微雨，写时间的流动，溪桥、社林、茅店，写空间的挪移。转过溪桥，忽然看到社林边那家熟识的小店，夜行已久，正好可以进去歇歇脚，诗人的愉悦、欣喜之情，油然而生。

　　这首《西江月》词调共五十字，按照词律，上下阕字数格式相同，第一句不入韵，第二、第三句押平声韵，第四句押原韵的仄声韵。这种平仄通押的调子，在词中比较少见，《西江月》是最流行的曲调。按照词律除第三句、第七句外，采用的均是六言律句，平仄交替的格式。词律用韵相对宽松，律句以外的句式都可以"一三五不论"，只讲"二四六分明"，即只讲究第二、第四、第六字，其他字可以变通。上阕第三句是七言律句，第一字"稻"应平而仄，由第三字"香"应仄而平补救。下阕第三句也是七言律句，第一字"旧"应平而仄，由第三字"茅"应仄而平补救。

　　本首词除韵字外，在偶数位置的平声字，适当长吟。作品中入声字较多，七个入声字均要吟得短而促，开口即收。本首词采用的是固定的对仗格式，上下阕的头两句对仗，吟诵时要两字一顿，节奏鲜明，把握上下句对仗的感觉。上阕前两句要吟得轻盈，再现夜间山村小道的静谧清幽和鸟啼蝉鸣的时起时伏。第三句和第四句均要放缓语速，表现诗人夜行山村小道时凝神谛听的情境和内心的喜悦之情，"说"字根据平仄格律在此处读为"shuì"。"一片"前为入声后为仄声，要吟得短而促。下阕的"七八个星"和"两三点雨"连读，语速稍快，语气加重，"星""雨""天外""山前"节奏放缓，适当长吟，表现出夜半星稀、时有微雨的情境。"忽见"前为入声后为仄声，要吟得短促有力，突出诗人夜行已久，转过溪桥，突然看到熟悉的茅店，由此产生可以进去歇息放松的惊喜。"忽见"的"见"应读"xiàn"，出现的意思。

此词平仄通押，首句"明月别枝惊鹊"的韵脚也应标明＜记号，但韵脚字"鹊"是入声字，标注了＜记号，就无法标注入声记号，所以就屈从了入声，未标＜记号。特此说明。

用韵：《词林正韵》第七部平声韵一先韵、二仙韵，仄声韵三十二霰韵通用。韵字：蝉、年、片、前、边、见。

西江月·夜行黄沙道中

1=♭E　　　　　　　　　　　　　　〔宋〕辛弃疾

5 6 １ ３ 0　5 6 0 6　6 - １　１ 6 0 0 |
明　月　别　枝　　惊　鹊，

6 6 - １ ３　１ 6　5 6. 5 6.　6 5. |
清 风　半 夜 鸣　蝉。

１ ３ １ - 6　３ 5　１ ３ 0 6 - 5 6.　6 5. |
稻 花　香 里 说　丰　年，

6　３ 5　１　１ -　5 6 0　１ 6 6 |
听 取 蛙 声　一　　片。

１ １ 0　6 6 0　１ ３ １ -　１　１ 6 0 |
七　八　个 星　天　外，

３ 6 １ -　5 6　３ 5 6　5 6.　6 5. |
两 三　点 雨 山　前。

１ 6 5 6.　5 6 １ ３　１ 6 5 6.　6 - 6 5. |
旧 时　茅 店 社 林　边，

164

$\stackrel{\frown}{1\ 3}\ \stackrel{\frown}{3\ 5}\ \stackrel{\frown}{\dot{1}\ }\ 5\ 6\cdot\ \stackrel{\frown}{\stackrel{3}{\dot{1}\ \dot{1}\ 0}}\ \stackrel{\frown}{\dot{1}\ 6}\ 0\ \|$

路　转　溪　桥／　忽　　见。

$\stackrel{\frown}{\dot{1}\ 6}\ \stackrel{\frown}{5\ 6\cdot}\ \stackrel{\frown}{5\ 6}\ \stackrel{\frown}{\dot{1}\ 3}\ \stackrel{\frown}{\dot{1}\ 6}\ \stackrel{\frown}{5\ 6\cdot}\ \stackrel{\frown}{6\ -\ 6\ 5\cdot}\ \|$

旧　时／ 茅　店　社　林／ 边,

$\stackrel{\frown}{1\ 3}\ \stackrel{\frown}{3\ 5}\ \stackrel{\frown}{\dot{1}\ }\ 5\ 6\cdot\ \stackrel{\frown}{\stackrel{3}{\dot{1}\ \dot{1}\ 0}}\ \stackrel{\frown}{\dot{1}\ 6}\ 6\ -\ -\ \|$

路　转　溪　桥／　忽　　见。

五十四

浪淘沙

〔唐〕刘禹锡

九曲黄河万里沙,
浪淘风簸自天涯。
如今直上银河去,
同到牵牛织女家。

【导读】

这是中唐诗人刘禹锡(772—842年)的名作。浪淘沙,本是唐教坊曲名,由白居易、刘禹锡首创,作七言绝句,后又用为词牌名。刘禹锡《浪淘沙》共九首,此为其一,当为作者后期作品。诗歌借牛郎织女的神话传说,表达作者不惧挫折、积极乐观、一往直前的气概。前两句写黄河辽远、壮阔的景色,蜿蜒曲折的黄河卷动着黄沙,自天涯奔涌而来,风动浪滚,万里颠簸淘洗,滔滔不息,人们正可以趁着这急风高浪,逆流而上,直抵银河,说不定还能到达牛郎织女的家门口呢。古代人认为黄河的源头和天上的银河相通。诗人用夸张的手法写出滔滔黄河裹挟着黄沙奔涌而来的磅礴气势，又加上想象丰富的神话故事，使得整首诗充满着神奇瑰丽的色彩。

　　这是一首仄起平收首句入韵的七言绝句，按照格律，第二句第一字"浪"应平而仄，第三字"风"应仄而平补救；第四句第一字"同"应仄而平，处于"一三五不论"位置，属于可变通现象。本诗用的是下平声"六麻"韵，节奏明快。长吟采用"四、二六、二六、四"的吟诵形式，除韵字外，第一、四句的第四字，第二、第三句的第二、六字长吟。

　　此诗前两句写景，第一句第四字"河"和韵字"沙"长吟，"曲"入声字，吟得短而促，开口即收，"万里"加重语气，表现黄河蜿蜒曲折的景象。第二句韵字"涯"长吟，"浪淘风簸"要吟得响亮，突出黄河万里奔腾风浪涌动的壮美景色；后两句写想象之景，第三句诗的情调转折，语气放缓，以区别前两句的高亢，略低沉，吟出想象的情调，仄声字"直""上""去"短吟，加重语气，节奏分明；第四句承接第三句语气，语调舒缓，沉浸想象，韵字"家"长吟，吟出银河迢迢不尽的韵味。

　　用韵：下平声六麻韵；韵字：沙、涯、家。

浪 淘 沙

1=♭E　　　　　　　　　　　　　　〔唐〕刘禹锡

3 6 i i 0 | 5 6 5 6. | i 6 3 5 6 - 6 5. |
九 曲 黄 河／万　 里 沙，

i 3 5 6. | i 3 5 | i 3 6 - 5 6. 6 5. |
浪 淘／风 簸 自 天／涯。

5 6 i - | 5 6 0 i 3 | 5 6 5 6. i 6 0 |
如 今／直 上 银 河／去，

5 6 i 3 6 | 5 6. | i i 0 3 5 6 - 6 5. ‖
同 到 牵 牛／织　 女 家。

五十五

江南春

〔唐〕杜牧

千里莺啼绿映红，
水村山郭酒旗风。
南朝四百八十寺，
多少楼台烟雨中。

【导读】

这是晚唐诗人杜牧（803—852年）描绘江南春景的名作，千百年来，素负盛誉。春临大地，千里江南，桃红柳绿，莺歌燕舞；村庄城郭，山环水绕，水乡一片静谧；水村山郭到处是酒旗招展，迎风飘舞，招揽着四处踏青的游人；古朴肃穆又金碧辉煌的寺庙，香烟缭绕，层层叠叠的楼台，烟雨迷蒙。富庶与美丽，古朴与神秘，好一派生机盎然、神奇迷离的烟雨江南风光图。诗歌一句一景，晴有明丽，阴有迷蒙，笼罩千里，有山村水乡，有寺庙楼台，俯仰古今，写尽了江南神韵。

　　这是一首仄起平收首句入韵的七言绝句。按照格律，第一句第一字"千"应仄而平，但处在"一三五不论"的位置上，可以变通。第二句第一字"水"应平而仄，由第三字"山"应仄而平补救。第三句第五六字"八十"应平而入，属于专有名词，不可以在本句补救，而要放在对句即第四句的第五字改为平声来补救，即将"仄仄平平仄仄平"的第五字改为"仄仄平平平仄平"救之。第四句第一字"多"应仄而平，不是拗救，属于本句可变通之处。本诗采用"四、二六、二六、四"的吟诵方式，除韵字外，第一、四句的第四字，第二、第三句的第二、六字长吟。

　　此诗视野开阔，格调明朗愉悦。开头"千里"放慢节奏，吟出诗人所见为江南千里的景色，第四字"啼"和韵字"红"长吟，表现春天鸟啼花开的明媚情调。第二句"水村山郭"两字一顿，"郭"为入声，短而促，韵字"风"长吟，突出处处"酒旗风"的四处招展之态。第三句诗情转折，适当轻声慢吟。"四百八十寺"五字都是仄声，其中三个都是入声字，语速加快，突出寺庙之多。"寺"字仄声，适当长吟，注意此句有五个仄声字，其中的上声字语调婉转悠长，节奏舒缓。结束此句，重点落在第四句。韵字"中"长吟，吟出江南烟雨蒙蒙的情调和诗人悠然不绝的唱叹。

　　用韵：上平声一东韵；韵字：红、风、中。

江 南 春

〔唐〕杜牧

1=♭E

$\dot{1}$ $\overset{\frown}{3\ 5}$ $\dot{1}$ $\overset{\frown}{6}$ $\dot{1}$. | $\dot{1}$ $\overset{\overset{3}{\frown}}{3\ 0}$ $\dot{1}$ $\overset{\frown}{6}$ $\overset{\frown}{5\ 6.}$ $\overset{\frown}{6\ 5.}$ |

千 里 莺 啼 / 绿 　 映 　 红，

$\overset{\frown}{3\ 5}$ $\dot{1}$ － $\dot{1}$ $\overset{\overset{3}{\frown}}{6\ 6\ 0}$ $\overset{\frown}{3\ 5}$ $\overset{\frown}{5\ 6.}$ $\overset{\frown}{6 － 6\ 5.}$ |

水 村 / 山 郭　 酒 旗 / 风。

$\overset{\frown}{6}$ $\dot{1}$ $\overset{\frown}{6}$ $\dot{1}$. $\dot{1}$ $\overset{\overset{3}{\frown}}{3\ 3\ 5\ 0}$ $\overset{\overset{3}{\frown}}{\dot{1}\ \dot{1}\ 0}$ $\overset{\overset{3}{\frown}}{6\ \dot{1}\ 0}$ $\dot{1}$ $\overset{\frown}{3\ 0}$ |

南 朝 / 四 百 八 十 / 寺，

$\dot{1}$ $\overset{\frown}{3\ 5}$ $\overset{\frown}{5\ 6}$ $\overset{\frown}{6\ \dot{1}.}$ $\dot{1}$ $\overset{\frown}{3\ 5}$ $\overset{\frown}{6 － 6\ 5.}$ ‖

多 少 楼 台 / 烟 雨 　 中。

五十六

书湖阴先生壁

〔宋〕王安石

茅檐长扫净无苔,
花木成畦手自栽。
一水护田将绿绕,
两山排闼送青来。

【导读】

这是宋代文学家王安石（1021—1086年）的名作，本是两首组诗，此为第一首诗。湖阴先生，本名杨德逢，是王安石退居金陵时的邻居和经常往来的朋友。前两句写杨家庭院的清幽，"茅檐"，茅屋檐下，代指庭院。畦是经过修整的一块块田地。茅草房的庭院经常打扫，洁净得连角落里都没有一丝青苔。庭院内花木丰美，成行满畦，都是主人亲手栽种的。青苔性喜阴暗，江南湿润，又值初夏多雨季节，青苔更宜生长。从青苔下笔写庭院之洁净，看似平淡无奇，却具有异常丰富的表现力。第二句从庭院主人的勤勉写其品行高洁、富于情趣，作者的讶异、赞美，也流溢在字里行间。后两句用拟人手法写自然环境的优美。山水有情，庭院外一条小河环绕着绿油油的农田，院落前的两座青山好似推门而进，送来了满目青翠欲滴的山色，比拟写景，本是写山环水绕的周边景色，却写青山绿水情意绵绵，环绕护卫着静谧美丽的庭院，情趣盎然。而"一水""两山"，不仅对仗工整，而且极富哲理韵味。

这是一首平起平收首句入韵的七言绝句，按照格律，第一句第三字应仄而平，第二句第一字应仄而平，第三句第三字应平而仄，三例均在"一三五不论"的位置，可以灵活变通。第四句第一字应平而仄，由第三字应仄而平补救。本诗采用"二六、四、四、二六"的吟诵格式，即第一句的第二、六字，第二、三句的第四字字，第四句的第二、六字长吟。

这是一首题壁诗，情趣盎然，格调愉悦。第一句"净"字很重要，写院落的清幽，仄声字，可以加重语气，提升音高，"扫"字加重语气，"苔"长吟。第二句第四字"畦"长吟，"手""自"仄声字，适当加重语气，表现出主人的情趣和诗人的赞美。三四句对仗工整，吟诵时，表现出两两对举的意思，吟出节奏感。第三句仄声字多达五个，低回婉转；"将绿绕"后两字为仄声字，"绕"可以适当长吟，吟诵出流水殷勤绕绿田的情谊；第四句平声字多，音调转高，以壮丽结。尤其"送"仄声字，可以提升音高，表现出青山多情送绿的情态。

用韵：上平声十灰韵；韵字：台、栽、来。

书湖阴先生壁

1=♭E　　　　　　　　　　　　　　　　〔宋〕王安石

5 6 5 6.　6 i 3 5 i 3 5 6.　5 6. 6 5. |
茅　檐　/　长　扫　净　无　/　苔，

6 i 3 0 5 6 6 i.　3 5 i 3 6 - 6 5. |
花　木　成　畦　/　手　自　栽。

i 3 0 3 5 i 3 5 6.　6 i 3 0 i 6 0 |
一　水　护　田　/　将　绿　绕，

3 5 6 - 5 6 i 6 0 i 3 6 - 5 6. 6 5. ‖
两　山　/　排　闼　送　青　/　来。

五十七

寒食

〔唐〕韩翃

春城无处不飞花，
寒食东风御柳斜。
日暮汉宫传蜡烛，
轻烟散入五侯家。

【导读】

本诗是唐代诗人韩翃（生卒年代不详）的名篇，描写寒食时节特殊的风情。二月二龙抬头，为了保证龙星的顺利升天，民间必须熄火寒食。寒食节这天，长安城内柳絮翻飞、落红点点。寒食节的夜晚皇家宫中走马传烛，烛光摇动，轻烟飞散，结束了家家熄火的现象，人间又是一片盛世承平的气派。

这是一首平起平收首句入韵的七言绝句，按格律第一句第三字"无"

应仄而平，实为诗情所系。第二句第一字"寒"字应仄而平，第三句第三字"汉"字应平而仄，寒食、汉宫都是节庆名、宫名，无法改变，三个字又都是在一、三字位，属于可变通之处。全诗采用"二六、四、四、二六"的长吟诵形式，即第一句的第二、六字，第二、三句的第四字，第四句的第二、六字长吟。

诗歌采用的是上平声"六麻"韵，属于开口韵，韵脚字"花""斜""家"长吟时，斜字应读为"xiá"，以突出诗歌明快的风格和押韵的和谐。在平声位置需要适当长吟的字，如第一句的第二字"城"、第六字"飞"，第二句、第三句的第四字"风""宫"，第四句的第二字"烟"等，除了"飞"字，多为鼻音韵母，语气舒缓，吟诵时要做到吐字归音到位，把"春城""飞花""东风""轻烟"这些特有的意象吟出韵味深长的感觉。四句诗，每句都有入声字，寒食的"食"，入声字，要读得短而促，开口即收，第一句的"不"、第四句的"入"字，入声字，可以适当加重语气，表现出春天漫天飞花飞满城，飞入千家万户的情态。

用韵：下平声六麻韵；韵字：花、斜、家。

寒 食

1=♭E 〔唐〕韩翃

$\dot{1}\ 6\ \dot{1}.\ \underline{3\ 6}\ \underline{\dot{1}\ 3}\ \underline{\dot{1}\ 6}\ 0\ 6\ -\ 6\ -\ \underline{6}\ 5.\ |$
春 城／无 处 不 飞／花，

$\underline{5\ 6}\ \underline{5\ 6\ 0}\ \underline{\dot{1}\ \dot{1}}\ -\ \underline{\dot{1}\ 3}\ \underline{3}\ 5.\ \underline{5}\ 6.\ \underline{6}\ 5.\ |$
寒 食 东 风／御 柳 斜。

$\underline{\dot{1}\ 3}\ 0\ \underline{\dot{1}\ 6}\ \underline{\dot{1}\ 3}\ \dot{1}\ -\ \underline{5}\ 6.\ \underline{\dot{1}\ 6}\ 0\ \underline{5\ 6\ 0\ 0}\ |$
日 暮 汉 宫／传 蜡 烛，

$6\ 6\ -\ \underline{\dot{1}\ 3}\ \underline{\dot{1}\ 6}\ 0\ \underline{3\ 5}\ \underline{5}\ 6.\ 6\ -\ \underline{6}\ 5.\ \|$
轻 烟／散 入 五 侯／家。

五十八

迢迢牵牛星

〔汉〕佚名

迢迢牵牛星,
皎皎河汉女。
纤纤擢素手,
札札弄机杼。
终日不成章,
泣涕零如雨;
河汉清且浅,

相去复几许！
盈盈一水间，
脉脉不得语。

【导读】

　　本诗出自东汉文人五言诗《古诗十九首》，作者不可考。借神话传说中牛郎、织女被银河阻隔不得会面的悲剧，抒发离别相思之情，写出了人间夫妻不得厮守的悲哀。牵牛星、织女星皎洁而遥远，织女纤长的双手在织布机忙个不停，可她太思念牛郎了，一整天也织不出花样，她悲伤的泪水零落如雨；眼前银河看起来清清浅浅，却把相爱的两个人间隔开来，痴情的人儿唯有默默相视，痴痴凝望，内心充满了悲伤。

　　这是一首五言古体诗，共十句，音节自然，用韵自由。按照平长仄短的吟诵规则，韵字长吟，其他在二、四字位置的平声字可以长吟。这首诗最突出的特点是连用叠音词，十句诗中六句都用了叠音词，即"迢迢""皎皎""纤纤""札札""盈盈""脉脉"，这些词语或是仄声，或是平声，或是入声，节奏长短有别，但语气均要加强。此外，诗以叠字开始，以叠字结尾，相互呼应，形成全诗回环往复的唱叹节奏，吟诵时要把握这种节奏与韵律，以充分表现诗中牵牛星、织女星银河两岸怅惘相望，相思相恋却不得相会厮守的悲伤情思，以及作者对他们的深切同情。最后两句的入声字"一"和"不"的吟诵要短而促，开口即收，加强语气，从声情突出诗意的对比，凸显牛郎织女的悲剧。

　　用韵：上声韵六语韵、七麌韵；韵字：女、杼、雨、许、语。

迢迢牵牛星

1=♭E　　　　　　　　　　　　　　　　〔汉〕佚名

5 6 5 6. i 6 i 6 - | 3 6 3 5. 5 6 i 3 3 5. |
迢 迢　牵 牛 星，　皎 皎　河 汉 女。

6 6 - 5 6 0 i 3 3 5 0 | 5 6 5 6. i 3 i - i 6. |
纤 纤　擢 素 手，　札 札　弄 机 杼。

i i 3 0 i 6 0 5 6 6 0 | i 3 0 i 6 5 6. 6 i. 3 5. |
终 日　不 成 章，　泣 涕 零 如 雨；

5 6 i 3 6 - 3 6 3 5 0 | 6 i 3 i 6 0 3 6 3 5. |
河 汉 清 且 浅，　相 去 复 几 许！

5 6 5 6. i 3 0 3 5 6 - | i 3 0 i 6 0 i 3 0 5 6 0 0 3 5. ‖
盈 盈 一 水 间，　脉 脉 不 得 语。

五十九

十五夜望月

〔唐〕王建

中庭地白树栖鸦,
冷露无声湿桂花。
今夜月明人尽望,
不知秋思落谁家。

【导读】

此诗又题作《十五夜望月寄杜郎中》,是唐代诗人王建(约767—约830年)中秋与朋友相聚时所作的诗,原诗诗题下注云"时会琴客"。中秋之夜,明月在天,银辉洒落,地上如积水空明,澄澈一片,树上栖息的鸦鹊声时起时伏;万籁俱寂,冷露浸润,桂香袭人;望月感秋,思人望远,此时此刻,这茫茫的秋思会落在哪一家呢?

这是一首平起平收首句入韵的七言绝句,按平仄,第三句第一字"今"

应仄而平,第三字"月"应平而仄补救。第四句第一字"不"应平而入,第三字"秋"应仄而平补救。本诗采用"二六、四、四、二六"的吟诵格式,即第一句的第二、六字,第二、三句的第四字,第四句的第二、六字长吟。诗采用的是下平声"六麻"韵,属于开口韵,韵脚字"鸦""花""家"。

  该诗是会琴客时写的诗,却写出了十五夜望月的孤寂落寞,长吟时,要突出诗歌沉郁的风格,以及"栖鸦""桂花""谁家"等诗歌意象。此外,平声字位置的第一句的第二字"庭",第二句、第三句的第四字"声""明",是鼻音韵母,注意吐字归音,要吟得语气舒缓,韵味深长。最后一句"不知",一为入声字,一为平声字,入声字"不"加重语气,开口即收,短而促;平声字"知"拉长。"落"也是入声字,加重语气。"思"字读作去声"sì",心绪、情怀的意思。这一句要吟出诗中茫茫秋思随月色洒落人间、情思无限的韵味。

  用韵:下平声六麻部;韵字:鸦、花、家。

十五夜望月

1=♭E　　　　　　　　　　　　　　　　　　　　　　〔唐〕王建

i ５６. i３ ５６０ i３６ － ６ － ６５. |
中庭／地白　树栖／鸦，

３５ i３ ５６ i － ６６０ i６ － ６５. |
冷露无声／湿　桂　花。

i i６ i３０ ５６. ５６. i３ i６ ０ |
今夜月明／人　尽　望，

i３０ i － ６ i３ i６０ ５６. ６ － ６５. ‖
不知／秋思落谁／家。

六十

马 诗

〔唐〕李贺

大漠沙如雪，
燕山月似钩。
何当金络脑，
快走踏清秋。

【导读】

本诗是唐代诗人李贺（790—816年）的一首五言绝句，是其《马诗二十三首》的第五篇。托物言志，通过咏马表现志士的奇才异质、远大抱负，以及不遇于时的感慨与愤懑。茫茫大漠似积雪无边，弯月如钩，高悬燕山；何时能给马带上金络头，驰骋在秋风，建立不朽的功勋呢！

这是一首仄起仄收首句不入韵的五言绝句，平仄格律合辙押韵。采用"四、二、二、四"的吟诵格式，除韵字外，第一、第四句的第四字，第二、第三句的第二字长吟。

诗用的是下平声"尤"韵,豪迈之中略略带有忧伤的情调。第一句第四字"如"长吟,"雪"为入声字,短吟但需加重语气,突出大漠茫茫无边又洁白似雪的边关景象。第二句第二字"山"长吟,"似"仄声,重读,韵字"钩"拖长音,摹画出诗人穿行在苍茫无际的边关大漠中,突然瞥见远处天边一弯如钩新月而生出的些许欣喜。两句要吟出宁静旷远的韵味,展现平沙白如雪、新月弯似钩的边塞气象。后两句吟诵要有唱叹的韵味,第三句"何当"的"当"、第四句"清秋"的"清"字长吟,均要加重语气,表达作者希望跨马驰骋、建功立业,却不被赏识、报国无门的复杂内心世界。

用韵:下平声十一尤韵;韵字:钩、秋。

马 诗

1=♭E　　　　　　　　　　　　　　　　　　　　〔唐〕李贺

大漠沙如/雪，

燕山/月似钩。

何当/金络脑，

快走踏清/秋。

六十一

石灰吟

〔明〕于谦

千锤万凿出深山，
烈火焚烧若等闲。
粉骨碎身浑不怕，
要留清白在人间。

【导读】

这是明代著名政治家、文学家于谦（1398—1457年）的名作。托物言志，借物喻人，用象征手法，处处咏石灰，时时在喻人。石头历经千凿万击从山中采出，又经历烈火焚烧，粉身碎骨，方才炼成石灰，换来一身清白，做人何不是如此呢？经得住千锤百炼，才能立于人间。

这是一首平起平收首句入韵的绝句，此诗格律规整，只有第三句第三字"碎"应平而仄，属"一三五不论"。第四句第一字"要"应平而仄，第三字"清"应仄而平补救。全诗表现诗人忠贞豪放之情。采用"二六、四、四、二六"的吟诵形式。除韵字"山""间""闲"外，第一句、第四句的第二、六字，第二、第三句的第四字长吟。

全诗第一句的"锤"和"凿"一为"平声"长吟，一为"入声"短而促，平长仄短，但均需要重读，突出锻造石灰最初采岩石的千锤百凿。第三句、第四句的"烈火焚烧""粉身碎骨"吟诵时注意平声与仄声的区别，并加重语气，突出石灰烧制过程的艰苦，韵字"闲"长吟，入声字"不"重读，表现作者在诗中寄寓的面对磨难泰然处之、绝不屈服的人生态度和决心。最后一句，整个句子节奏适当慢些，"清白"加重语气，表达作者的志向。这首诗的吟诵以高昂豪迈、铿锵有力为主调，吟诵中注意表达诗歌言在物而意在人，不直言人而人在其中，呼之即出的情态，表现诗人积极的人生态度和胸怀坦荡、无私无畏的凛然正气。

用韵：下平声十五删韵；韵字：山、闲、间。

石 灰 吟

1=♭E　　　　　　　　　　　　　　　　　　〔明〕于谦

$\dot{1}$ $\dot{1}$ - $\dot{1}$ 3 　$\overset{3}{560}$ $\overset{3}{\dot{1}\dot{1}0}$ 6 - 6 - 6̲ 5. |
千 锤 / 万 凿　出 深 / 山，

$\dot{1}$ 3 0 $\overset{3}{35}$ 6 $\dot{1}$ $\dot{1}$ - $\dot{1}$ 3 0 $\overset{3}{35}$ 5̲ 6. 6̲ 5. |
烈　火 焚 烧 / 若　等 闲。

3 5　$\overset{3}{360}$ $\dot{1}$ 3 $\dot{1}$ - 5 6　$\overset{3}{6\dot{1}0}$ $\dot{1}$ 6 0 |
粉　骨　碎 身 / 浑　不　怕，

$\dot{1}$ 3 5̲ 6.　$\dot{1}$ $\overset{3}{6\dot{1}0}$ $\dot{1}$ 3 5̲ 6. 6 - 6̲ 5. ‖
要 留 / 清 白　在 人 / 间。

六十二

竹石

〔清〕郑燮

咬定青山不放松，
立根原在破岩中。
千磨万击还坚劲，
任尔东西南北风。

【导读】

本诗是清代画家、诗人郑燮（1693—1766年）的一首题画诗，题于作者自己的《竹石图》上。劲竹挺立峭拔，牢牢地扎根在青山岩缝之中，任凭风吹雨打、霜寒雪冻，无所畏惧，傲然挺立。诗歌借物喻人，赞颂竹的刚毅、坚强，表达诗人绝不与世俗妥协、随波逐流的情感。

这是一首仄起平收首句入韵的七言绝句，此诗格律规整，只有第二句第一字"立"应平而入，第三字"原"应仄而平补救；第四句第五字"南"

应仄而平，属于可变通现象。诗文采用"四、二六、二六、四"的吟诵形式，除韵字外，第一、四句的第四字，第二、第三句的第二、六字长吟。诗歌韵字"中、风"押用的是上平声"一东"韵，而首句韵字"松"却是用了二"冬"韵，这种变通现象叫"飞雁入群"，即首句入韵字如用邻韵允许变通。

吟诵要把握诗歌豪迈昂扬的基调，第一句"咬"字开头，一字千钧，形象地凸显出劲竹的刚毅性格，这是一个仄声字，可以适当加重语气，接着的"不放松"补足"咬"字的意义，"不"为入声字，重读，韵字"松"长吟，表现岩竹紧紧扎根岩石缝的情态，语调坚定。第二句中的"破岩"，画中岩竹顽强生长的情景跃然目前，仄声字"破"重读，平声字"岩"长吟，吟诵时可以强化。第三句"千磨万击"，加重语气，平长仄短，入声字"击"短而促，出口即收，"千"和"万"两字强化，表现恶劣环境中岩竹遭受到的各种严峻考验。最后一句吟诵节奏可以适当拖长，表达诗人在诗中寄寓的傲然于世的情怀。

用韵：上平声一东部；韵字：中、风。上平声二冬部；韵字：松。

竹 石

〔清〕郑燮

1=♭E

咬定青山/不放松，

立根/原在破岩/中。

千磨/万击还坚/劲，

任尔东西/南北风。

六十三

诗经·小雅·采薇（节选）

昔我往矣，杨柳依依。
今我来思，雨雪霏霏。
行道迟迟，载渴载饥。
我心伤悲，莫知我哀！

【导读】

《小雅·采薇》是我国第一部诗歌总集《诗经》中的一篇名作，表现西周后期抵御猃狁侵扰中戍边战士们的生活和感情。薇，野豌豆苗。诗歌从一个战士返乡途中的见闻写起，遥望家乡，抚今追昔，百感交集，曾经艰苦的边关生活、激烈的战斗历历在目，为抗击入侵的敌人，久戍边防，不能归家，令人痛苦哀伤。这里节选的是最后一章，回想当年离开家乡，踏上征程，杨柳依依，而今终于返回故乡，却是大雪纷飞的时节，归路漫漫，道路险阻，行囊匮乏，又饥又渴，眼前的困境和未来生活的艰辛，怎能不让人黯然神伤呢？

《诗经》305篇，原来都是配乐歌唱的乐歌，只是没有近体诗那样严谨的格律，却同样有着和谐自然的韵律，吟诵与其韵律特点密切相关。《小雅·采薇》共六章，前三章追忆思归之情，叙述难归原因。既有恋家思亲的个人情怀，又有为国赴难的责任感，两种互相矛盾又真实的思想感情交织在一起。第四、五章追述行军作战的紧张生活，写出了军容之壮、戒备之严，全篇气势为之一振，其情调也由忧伤的思归之情转而为激昂的战斗之情。最后一章诗人从追忆中回到现实，随之陷入更深的悲伤之中。

吟诵时要关注情感复杂交织变化的格调，还要注意结合诗意，从声韵方面把握吟诵要点：第一，《采薇》是整齐的四言诗，这一章诗共八句，四句一意义。每两个字构成一个节奏单位，一句两个节奏，吟诵时作两顿，节奏鲜明。第二，诗中巧妙运用叠音字"依依""霏霏""迟迟"，既是叠字也是韵字，拟态摹形，不仅艺术形象更为鲜明生动，也增强了语言的节奏感和韵律美，在表情达意和声韵声情方面起着重要作用，吟诵时应该把这些词语读得非常清晰，尤其第二个字是节奏点所在，应该读得响亮些，可以适当拉长。第三，《采薇》用韵较宽，这一章三次转韵，韵字改变需要特别注意，并且在"昔往"与"今来"这样对举的句式，吟诵时要加重语气，在对比中突出强调悲喜交集的感觉。四个入声字"昔""雪""渴""莫"，吟诵短而促，开口即收，表现出感情变化与音韵节奏的顿挫。"雨"，读做"yù"，第四声，用作动词，下雪的意思。

用韵：上平声五微韵，上平声四支部；韵字：依、霏、饥、哀。

诗经·小雅·采薇（节选）

1=♭E

```
　3　
1 1 0  3 6 3 5 3 5 | 6 1  3 5 6 - 6 - 6 5. |
昔 我  往　矣，   杨柳  依　　依。

             　　　　　3
1 3 6 5 6 6 - | 1 3  3 5 0 6  6 - 6 5. |
今 我 来 思，    雨 雪　霏　　霏。

                       　3
5 6 1 3 5 6. 5 6. | 1 3  3 5 0 1 3 6 - 0 0 |
行 道 迟 迟，    载 渴　载 饥。

              　　　3
3 5 6 - 1 1 - | 1 3 0 1 - 3 5 6 - 6 5. ‖
我 心 伤 悲，   莫 知　我 哀！
```

六十四

送元二使安西

〔唐〕王维

渭城朝雨浥轻尘，
客舍青青柳色新。
劝君更尽一杯酒，
西出阳关无故人。

【导读】

这是唐代诗人王维（701—761年）著名的送别诗，诗题又名《渭城曲》。安西，即安西都护府，治所在今新疆库车县境内。阳关，在今甘肃敦煌西南，为出西北的必经之路。浥，湿润的意思。诗的前两句写送别的时间、地点、天气，渭城清晨的一场春雨打湿了驿路轻尘，客舍周围青青的柳条更显得青翠一片。诗人频频举杯劝酒，表达对朋友远去的不舍与关切："老朋友再干一杯酒吧，出了阳关西路再也没有老友相伴。"此诗依依惜别之情浓郁而强烈，结句戛然而止，余味无穷。整首诗不事雕饰，语言明朗，情景交融，极富艺术感染力，唐代便被谱成了《阳关三叠》，编入乐府，成为名曲，千古流传。

这是一首平起平收首句入韵的七言绝句，按照格律，两联之间失粘，前两句和后两句平仄格律相同，吟诵的时候要采用"二六、四、二六、四"的节奏，反映了律诗还在发展中的探索阶段，俗称"折腰体"。第一句第一字"渭"应平而仄，"渭城"是地名，不可更改，第三字"朝"应仄而平补救。第三句第一字"劝"应平而仄，第四句第一字"西"，第五字"无"应仄而平，三例均在"一三五不论"的位置，可以变通。

第一句平声字"城"和韵字"尘"长吟，"浥"为入声字，短而促，第二句第四字平声字"青"和韵字"新"长吟，吟诵出清晨春雨洒落轻尘，客舍青青柳色青翠带来的欣喜。第三句诗情转折，第二字平声字"君"长吟，仄声字"更"和"尽"加重语气，最后一句入声字"出"短而促，"无"加重语气，韵字"人"长吟。这两句要吟诵出诗人对朋友劝慰与关切的深情。想象分别之后，友人西行，渐行渐远无人相伴的孤独寂寞，更觉得眼下朋友相对，把酒言欢的温暖，实写与虚写，对比鲜明，情深意厚，吟诵时注意表达这种韵味。

用韵：上平声十一真韵；韵字：尘、新、人。

送元二使安西

1=♭E 〔唐〕王维

$\widehat{1\ 3}\ \underline{5}\ 6.\ \ \dot{1}\ \ \widehat{\underline{3\ 5}}\ \overset{3}{\widehat{\dot{1}\ 3\ 0}}\ 6\ -\ \ \underline{5}\ 6.\ \ \underline{6}\ 5.\ \|$
渭　城／朝雨浥　轻／尘，

$\overset{3}{\widehat{\dot{1}\ 3\ 0}}\ \widehat{\dot{1}\ 6}\ \dot{1}\ \ \dot{1}\ -\ \underline{3\ 5}\ \overset{3}{\widehat{\dot{1}\ 3\ 0}}\ 6\ -\ \underline{6}\ 5.\ \|$
客　舍青青／柳　色　新。

$\widehat{\dot{1}\ 3}\ \dot{1}\ -\ \widehat{\dot{1}\ 6}\ \widehat{\dot{1}\ 3}\ \overset{3}{\widehat{\dot{1}\ 6\ 0}}\ 6\ -\ \underline{3}\ 5.\ \|$
劝　君／更　尽一　杯／酒，

$6\ \overset{3}{\widehat{\underline{6\ 6\ 0}}}\ \underline{5\ 6}\ \dot{1}\ -\ \underline{5\ 6}\ \widehat{\dot{1}\ 3}\ \underline{5}\ 6.\ \ \underline{6}\ 5.\ \|$
西　出　阳关／无　故　人。

六十五

春夜喜雨 (chūn yè xǐ yǔ)

〔唐〕杜甫

好雨知时节，
当春乃发生。
随风潜入夜，
润物细无声。
野径云俱黑，
江船火独明。
晓看红湿处，

$$\underline{huā}\ |\ zh\grave{o}ng\ |\ j\check{i}n\ \underline{gu\bar{a}n}\ \overline{ch\acute{e}ng}$$
花 重 锦 官 城 。

【导读】

  本诗是唐代诗人杜甫（712—770年）歌咏春雨的名作。当时诗人居住在成都草堂，正值安史之乱，诗人经历了颠沛流离的逃难生活，终于过上相对安稳的日子。诗中满怀喜悦，细腻地描绘出春雨来临、滋润万物、鲜花盛开的景象。春雨体贴人意，应时而至，催发大地生机，随春风入夜洒落，滋养万物，真可谓之"好"也！夜雨中的郊野小径漆黑一片，唯有远处江船上灯火闪烁；明天清晨看看春雨滋润的百花吧，一定是娇艳无比，开遍了整个锦官城。

  这是一首仄起仄收首句不入韵的五言律诗，此诗格律规整，只有第七句第一字"晓"应平而仄，第八句第一字应仄而平，符合五律一三不论的规则。第五句第四字"俱"读为"jū"，第七句第二字"看"读为"kān"。全诗采用"四、二、二、四、四、二、二、四"的吟诵形式，除韵字外，第一、四、五、八句的第四字，第二、三、六、七句的第二字长吟。此诗用的是"庚"韵，深沉幽远，吟诵节奏可以慢一些。

  诗以景现情，含蓄地表达诗人的喜悦之情，吟诵中要注意体会。第一句"好雨"虽是仄声，但需要适当拉长，并加重语气，"节"为入声字，吟得要短而有力量，第二句"乃"、第四句的"润物"均为仄声字，重读，表现春雨的美好，第一句中的"知"字，第三句"潜"字，以拟人化手法，状春雨如期而至，不动声色却有情有义的情态，可以适当长吟，表现诗人因春雨而生出的惊喜之情。第五句、第六句，注意"俱黑"和"独明"吟出对比，展现漆黑夜色之中渔火独明的情景。第七句、第八句，是诗人想象的情景，吟诵时注意表达诗人沉浸美妙想象的情态。

  用韵：下平声八庚韵；韵字：生、声、明、城。

春夜喜雨

〔唐〕杜甫

1=♭E

3 6 3 5 1 5 6. 5 6 0 0 | 1 1 - 3 5 6 6 0 6 - 6 5. |
好 雨 知 时／节， 当 春／乃 发 生。

5 6 1 - 5 6 1 3 0 1 6 0 | 1 3 1 6 0 1 3 5 6. 6 - 6 5. |
随 风／潜 入 夜， 润 物 细 无／声。

3 5 1 3 5 6 1 - 1 1 0 0 | 6 5 6. 3 5 5 6 0 5 6. 6 5. |
野 径 云 俱／黑， 江 船／火 独 明。

3 5 6 - 5 6 1 1 0 1 3 0 | 6 1 3 3 5 6 - 5 6. 6 5. ‖
晓 看／红 湿 处， 花 重 锦 官／城。

六十六

早春呈水部张十八员外

〔唐〕韩愈

天街小雨润如酥,
草色遥看近却无。
最是一年春好处,
绝胜烟柳满皇都。

【导读】

《早春呈水部张十八员外》是唐代诗人韩愈(768—824年)的七言绝句组诗,共两首,此为第一首,描写长安初春小雨洒落的清丽优美景色,表达了诗人对春回大地、勃勃生机的欣喜。京城御街上春雨丝丝,如酥油般细密而滋润,远望草芽是淡淡的青色,近看却若有若无,稀稀落落。这早春的小雨和小草正是一年绝佳的春色,远胜过烟柳满城的晚春景致。

这是一首平起平收首句入韵的七言绝句,此诗格律规整,只有第三句第三字"一"应平而入，属"一三五不论"，知道它的格律即可。第四句第一字"绝"应平而入，用第三字"烟"应仄而平补救。本诗采用"二六、四、四、二六"的吟诵形式，除韵字外，第一、四句的第二、六字，第二、三句的第四字长吟。本诗押韵用的是"虞"韵，属合口韵，含蓄幽远。

　　诗中表达了诗人对早春到来的欣喜，在细腻的描绘中，表达出轻松、自然、喜悦的情调，吟诵要把握轻声慢吟的情韵。第一句的"润如酥"轻声长吟，仄声字"润"加重语气，平声字"如"和韵字"酥"长吟，凸显春雨滋润万物复苏的情状，为全诗奠定了愉悦的基调。"草色遥看近却无"一句，入声字"色"重读，突出描绘的核心景物"草色"。"遥看"轻声慢吟，"看"在此读为平声"kān"。仄声字"近"重读，与"遥"形成对照。入声字"却"开口即收，加强语气，吟出转折之意，呈现诗中早春特有的草芽稀疏、若有若无的景色特点。后两句，一句是仄声字"最是"，一句是"绝胜（shēng）"加重语气，入声字"绝"开口即收，吟出诗意的转折与对比意味，进一步突出作者面对春临大地、万物生长而生发的喜悦之情。

　　用韵：上平声七虞韵；韵字：酥、无、都。

早春呈水部张十八员外

1=♭E　　　　　　　　　　　　　　　　〔唐〕韩愈

i i - 5 6 3 5 i 3 6 i. 6 - 6 5. |
天 街 / 小 雨 润 如 / 酥,

3 5 i 3 0 5 6 i - i 3 i 6 0 5 6. 6 5. |
草 色 遥 看 / 近 却 无。

i 3 i 6 i 3 0 6 i. i 3 5 i 6 0 |
最 是 一 年 / 春 好 处,

5 6 0 6 - i 3 3 5 3 5 6. 6 - 6 5. ‖
绝 胜 / 烟 柳 满 皇 / 都。

六十七

江上渔者

〔宋〕范仲淹

江上往来人,
但爱鲈鱼美。
君看一叶舟,
出没风波里。

【导读】

本诗是宋代诗人范仲淹（989—1052年）的诗作，从江上人们只爱鲈鱼鲜美、饮酒作乐切入，描写打鱼人出生入死、在惊涛骇浪中艰难生存的危境与艰辛，表达了对劳动人民的同情。

这是一首五言古绝，押上声韵。第二句"美"和第四句"里"押韵，吟诵时韵字要长吟，第三句"看"读"kān"。本诗仿照律诗吟诵规则，平长仄短，诗句中第二、四位置的平声字长吟。第三句的"一叶"和第四句的"出没"均为入声字，吟诵时短而促，并加重语气，前是表现扁舟之小，后是表现小舟速度之快。"风波"，平声，长吟，"一叶"入声，短吟，从声韵上让一叶小舟和汹涌波涛形成对比，突出打鱼人江中谋生的危险和艰难。

　　本诗语言朴实，耐人寻味。前两句叙述富贵人的养尊处优，语调舒缓；后两句表达对渔民的同情，语调疾徐相间，充满悲悯，前后对照，在强烈对比中反映渔民的艰辛劳作，情韵跌宕，吟诵时应该把握住这种情感基调。

　　用韵：上声四纸韵；韵字：美、里。

江上渔者

1=♭E 〔宋〕范仲淹

$\dot{1}$ $\dot{1}$ 3 3 5 $\underline{5}$ 6. $\underline{5}$ 6. |
江 上 往 来 / 人，

$\underline{\dot{1} 3}$ $\underline{\dot{1} 6}$ $\underline{5 6}$ $\underline{5}$ 6. $\underline{3}$ 5. |
但 爱 鲈 鱼 / 美。

$\dot{1}$ $\dot{1}$ - $\underline{6\ \dot{1}\ 0}^3$ $\underline{\dot{1}\ 3\ 0}^3$ $\dot{1}$ - |
君 看 / 一 叶 舟，

$\underline{\dot{1}\ \dot{1}\ 0}^3$ $\underline{\dot{1}\ 3\ 0}^3$ $\dot{1}$ $\dot{1}$ - $\underline{3}$ 5. ‖
出 没 风 波 / 里。

六十八

泊船瓜洲

〔宋〕王安石

京口瓜洲一水间,
钟山只隔数重山。
春风又绿江南岸,
明月何时照我还?

【导读】

本诗是北宋杰出政治家、文学家王安石（1021—1086年）的名篇，是广为传诵的佳作。瓜州，在今江苏扬州市南，长江北岸，大运河入长江口处。熙宁元年（1068年）四月，王安石被宋神宗召为翰林学士，自江宁（今江苏南京）赴汴京（今河南开封）任职途中留宿京口（今江苏镇江），与友人相会，第二天泊船瓜州，写下此诗。王安石本是江西临川人，17岁时，父亲任江宁府通判，他随父亲定居江宁。后父母先后去世，葬于江宁，所以他视江宁为故乡。诗的开头点出京口、瓜州虽为江南江北，却相距不远，不过是一江之隔，而自己的家乡在钟山下，只隔着几座山，距离也不遥远。诗人回望，对朋友的眷恋和对故乡的思念，自然流露出来。春风又一次吹绿了江南大地，故乡的景色令人流连，待到抱负施展，我必定会功成身退，还居故乡。

这是仄起平收首句入韵的七言绝句，整首诗格律规整，只有第一句第一字"京"应仄而平，第四句第一字"明"应仄而平，两例都属于固有名词，且符合律诗"一三五不论"的规则。此诗采用"四、二六、二六、四"的吟诵形式，除韵字外，第一、四句的第四字，第二、三句的第二字、第六字长吟。

这首诗境界开阔，格调清新，借景抒情，寓情于景，并且在叙事上也别有情致。前两句表达对朋友的眷恋和对家乡的思念，第一句入声字"一"要吟得短促有力，表现京口、瓜州南北两岸一水相连，距离之近。第二句仄声字"只"、入声字"隔"和仄声字"数"节奏短促重读，强调江宁相距也不远，吟出诗人对故乡的依恋。第三句被誉为千古名句，"绿"字写尽了春到江南、绿野千里的景象，欣喜之余又表达出不知何时能归家的落寞无奈与期望向往的复杂情感。"绿"为入声字，要吟得短促有力，和仄声字"又"一起，读出强调语气。最后一句仄声字"照我"加重语气，"何时"和韵字"还"长吟，音调可以适当提高，把作者归家的期望表达出来。

用韵：上平声十五删韵；韵字：间、山、还。

泊船瓜洲

1=♭E 〔宋〕王安石

$\dot{1}$ $\underline{3\ 5}$ $\dot{1}$ $\dot{1}$ - $\underline{\dot{1}\ \underline{6\ 0}}$ $\underline{5\ 6}$ 6 - $\underline{6\ 5.}$ |
京 口 瓜 洲 / 一　 水　 间，

$\dot{1}$ $\dot{1}$ - $\underline{3\ 5}$ $\underline{5\ \underline{6\ 0}}$ $\underline{\dot{1}\ 3}$ $\underline{5\ 6.}$ 6 - $\underline{6\ 5.}$ |
钟 山 / 只 隔 数 重 / 山。

$\dot{1}$ $\dot{1}$ - $\dot{1}$ $\underline{\dot{1}\ \underline{6\ 0}}$ $\dot{1}$ $\underline{5\ 6.}$ $\underline{\dot{1}\ 3}$ 0 |
春 风 / 又　 绿 江 南 / 岸，

$\underline{5\ 6}$ $\underline{\dot{1}\ 3}$ 0 $\underline{5\ 6}$ $\underline{5\ 6.}$ $\underline{\dot{1}\ 3}$ $\underline{5\ 6.}$ $\underline{6\ 5.}$ ‖
明 月 何 时 / 照 我　 还？

六十九

游园不值

〔宋〕叶绍翁

应怜屐齿印苍苔,
小扣柴扉久不开。
春色满园关不住,
一枝红杏出墙来。

【导读】

本诗是南宋诗人叶绍翁（生卒年不详）的名篇，写诗人春日游园所见所感，叙事、写景曲折而极有层次。诗题"游园不值"，就是写想入园游玩，而没有遇到小园的主人。"怜"，爱惜；"屐"，木制鞋，鞋底有两道齿以防滑。春天来了，诗人穿着木屐出游，想入园踏春赏花，但是园门紧闭，轻轻敲了半天也不见有人来开，莫不是小园主人爱惜园中青苔，不让来客的木屐齿印在上面吧。也许是主人不在家，诗人却故意说成主人有意拒客，饶有趣味,也逗引起下面诗句。徘徊流连之际,忽然看见一枝红杏伸出墙外,真是惊喜!更转出新奇的想象:园门可关,但是烂漫的满园春色可是关不住的呀!风趣形象而又富有理趣,情景交融,脍炙人口。

这是一首平起平收首句入韵的七言绝句,按照格律第三句第一字"春"应仄而平,第三字应平而仄补救,第四句第一字"一"应平而仄,第三字应仄而平补救。此诗采用"二六、四、四、二六"吟诵形式,除韵字长吟外,第一句、四句的第二、六字,第二、三句第四字长吟。

这首诗叙事、写景、哲理融为一体,前两句诗人有沉思,有猜想,宜采用轻声慢吟的吟诵节奏。第一句"应怜"可以长吟,第二句仄声字"小扣""久"和入声字"不"加重语气,表现诗人的猜想与想象的情态。并且要与相邻的字形成对比映衬。后两句诗,诗意转折,表现作者瞥见一枝红杏时的惊喜,声音可以提高,与前两句诗形成对比。第三句"关不住","不"为入声字,加重语气,表现春色满园的勃勃生机。第四句"出墙来","出"是入声字,吟得短促有力,开口即收,韵字"来"长吟,"墙"要加重语气,适当拖长,充分表现红杏向外向上生长斜出的动感,入声字"一"加重语气,让"一枝"和"满园"形成对比,表达诗中因一枝红杏而知满园春色的诗情画意。

用韵:上平声十五灰;韵字:苔、开、来。

游园不值

1=♭E　　　　　　　　　　　　　　　〔宋〕叶绍翁

1 3 5 6. | 1 1 0 3 5 1 3 6 - 5 6. 6 5. |
应 怜　屐 齿 印 苍　苔，

3 5 1 3 5 6 1 - 3 5 1 3 0 6 - 6 5. |
小 扣 柴 扉　久 不　开。

6 1 3 0 3 5 6 1. 1 5 6 0 1 3 0 |
春 色 满 园　关 不 住，

1 3 0 1 - 5 6 1 3 1 1 0 5 6. 5 6. 6 5. ‖
一 枝　红 杏 出 墙　来。

七十

卜算子·送鲍浩然之浙东

〔宋〕王观

水是眼波横,
山是眉峰聚。
欲问行人去那边?
眉眼盈盈处。

才始送春归,
又送君归去。
若到江南赶上春,

千万和春住。
qiān wàn hé chūn zhù

【导读】

　　这是北宋词人王观（1035—1100年）的词作，又题作《别意》，是一首送别词，暮春时节，作者送别友人鲍浩然归乡，殷切祝福好友与春光同住，同时表达了自己欲归不得、羁旅之愁萦纡心怀的心绪。这首词以眼喻水，以眉喻山，设喻巧妙，情趣盎然，又语带双关，写得妙趣横生，在送别词中别有情趣。

　　这首词属于四十四字格式，上下阕各是两仄韵。上半阕韵字"聚"，古为上声"噳"韵；韵字"处"，古为去声"御"韵。下半阕韵字"去"，古为"御"韵；韵字"住"，古为去声"遇"韵。全诗为上去通押。

　　吟诵可以套用近体诗的吟诵，平长仄短，韵字吟得响亮，在偶数位置的平声字长吟。上阕四句围绕"水""眼""山""眉"展开描写，比喻新颖，出语新奇，吟诵时"水""山"加重语气，"波""峰"拉长音，这样把"水"与"眼波"，"山"与"眉峰"的关联表达出来。每一句的结尾字平声字如"横""边""归""春"可以长吟并挑高音，而韵字是仄声韵，可以短促有力，形成对应关系，把作者惜春与惜别、惆怅与祝福的复杂感情变化充分地表现出来。

　　用韵：《词林正韵》第四部上声八语、九噳，去声九御、十遇通用；韵字：聚、处、去、住。

卜算子·送鲍浩然之浙东

〔宋〕王观

1=♭E

水是眼波横，山是眉峰聚。
欲问行人去那边？眉眼盈盈处。
才始送春归，又送君归去。
若到江南赶上春，千万和春住。

七十一

浣溪沙

〔宋〕苏轼

山下兰芽短浸溪，
松间沙路净无泥。
潇潇暮雨子规啼。
谁道人生无再少？
门前流水尚能西！
休将白发唱黄鸡。

【导读】

　　本诗是北宋著名文学家苏轼（1037—1101年）的词作，写于元丰五年（1082年）春，当时苏轼因讽刺新法流弊，卷入"乌台诗案"，被贬任黄州，遭受了沉重的政治打击，但在这首词里，作者却表现出乐观向上的精神。词的上阕描写春天溪边兰草初发，林间小径洁净无泥，一派生机盎然的景象，但潇潇暮雨，子规声声，不免让人有几分伤感。下阕却笔锋一转，重新振起，虽然岁月流逝人生易老，如同东逝水一般无法挽留，但是如果流水都能西流，人又何必伤悼悲叹呢？身处逆境，仍要保持达观积极的人生态度，是苏轼一向的追求。

　　这首词分上下阕，用的是平声韵"齐"韵，一韵到底，即上半阕的韵字"溪""泥""啼"为一组，下半阕韵字"少""西""鸡"为一组。因上下阕各只有三句，故可以采取"四、二六、二六"格式吟诵。

　　上阕的三个韵字和一句的"芽"、二句的"间"和"无"、三句的"潇"和"规"五字长吟，第一句、第二句轻声慢吟，表现春临大地，溪边草芽萌生，松林洁净清幽的美好；第三句转而低沉，拟声词"潇潇"和韵字"啼"长吟，"暮雨""子规"加重语气，通过意象与声情的变化，表达作者的情感波澜。下阕的两个韵字和四句的"生"、五句的"前"和"能"、六句的"将"和"黄"五字长吟。第四句的仄声字"谁道"和"无再少"重读，与第五句的"尚能西"形成对举，吟诵出诗人自问自答的语气。最后一句"休将"重读，入声字"白发"要吟得短促，开口即收，以充分表达诗人达观适性的生活态度。词的上阕和下阕的前两句形成律句，对称稳当，但分别在第三句单句即告结束，比之律诗，因少了对句，有一种不对称的感觉，形成了余意不尽的韵味，吟诵时注意体会与声韵诗情的相称。

　　用韵：《词林正韵》第三部平声五友、六脂、七之、八微、十二齐通用；韵字：溪、泥、啼、西、鸡。

浣 溪 沙

1=♭E 〔宋〕苏轼

6 i̲ 3̲ 5̲ 6̲ 6̲ i̇. 3̲ 5̲ i̲ 3̲ 6 - 6̲ 5.
山 下 兰 芽／短 浸 溪，

i̇ i̇ - 5̲ 6̲ i̲ 3̲ i̲ 6̲ 5̲ 6. 5̲ 6. 6̲ 5.
松 间／沙 路 净 无／泥，

6 6 - i̲ 3̲ 6̲ 3̲ 5̲ 6 - 5̲ 6. 6̲ 5.
潇 潇／暮 雨 子 规／啼。

5̲ 6̲ i̲ 3̲ 5̲ 6. 6 - 5̲ 6̲ i̲ 3̲ i̲ 6 0
谁 道 人 生／无 再 少？

5̲ 6̲ 6 - 6̲ i̲ 3̲ 5̲ i̲ 3̲ 5̲ 6. 6 - 6̲ 5.
门 前／流 水 尚 能／西！

6 6 - 5̲ 6̲ 0 i̲ 3̲ 0 i̲ 6̲ 5̲ 6. 6 - 6̲ 5.
休 将／白 发 唱 黄／鸡。

七十二

清平乐 (qīng píng yuè)

〔宋〕黄庭坚

春归何处？寂寞无行路。若有人知春去处，唤取归来同住。

春无踪迹谁知？除非问取黄鹂。百啭无人能解，因风飞过蔷薇。

因风飞过蔷薇。
yīn fēng fēi guò qiáng wēi

【导读】

本词是宋代文学家黄庭坚（1045—1105年）的作品，感叹时光易逝，一去不返。这首词不以写景为重，用浪漫主义手法，表达对春天的爱恋，空灵蕴藉，深沉含蓄，情趣盎然。上阕写春天归去，惜春之意缠绵悱恻。起句发问，将春拟人化，寻春、惜春、爱春、伤春情绪满怀。写春去无痕迹，"若有"两句，笔法浪漫，痴想体贴中，尽是对春天的眷恋深情。下阕承上阕，春天已逝，渺无踪迹，惜春之意曲折往复，作者痴想再发，那枝头的黄鹂定会知道春的去处吧，然而人和鸟语言不通，徒然添出新的烦恼，蔷薇花丛中，黄鹂掠过，春天最后一点信息也终于消失殆尽，因为蔷薇花的盛开，意味着一个火热的夏天已经来临。

这首词上阕押仄声韵，句句押韵，位置在二、四字的平声字"归""行""知""来"长吟，韵字"处""路""住"，仄声重读，语气急促，吟出春去匆匆、无法挽留的遗憾。下阕转韵，用的是平声韵"支"韵和"微"韵，只有第三句不押韵，韵字"知""鹂""薇"和位置在二、四字的平声字"无""谁""非""黄""人""风""蔷"长吟，把诗人在花丛鸟语中追寻春的踪迹的神情表现出来。这首词前半用仄声韵，中途转韵，后半用平声韵，作者的疑问、猜想与惋惜、遗憾的情感曲折变化，层层转折，声情顿挫有致，吟诵时注意体会。

用韵：《词林正韵》第四部去声九御、十遇、十一暮通用，第三部平声五支、六脂、七之、八微通用；韵字：处、路、住、知、鹂、薇。

清 平 乐

1=♭E　　　　　　　　　　　　　　　　〔宋〕黄庭坚

$\underline{1}$ $\dot{1}$ - $\underline{5\ 6}$ $\dot{1}$ $\underline{3}$ 0 | $\underline{\dot{1}\ 3}$ 0 $\underline{\dot{1}\ 6}$ 0 $\underline{5\ 6}$ $\underline{5\ 6.}$ $\dot{1}$ 3. |
春归／何　处。　寂　寞　无　行／路。

$\underline{\dot{1}\ 3}$ 0 $\underline{3\ 5}$ $\underline{5\ 6}$ $\dot{1}$ - $\underline{6}$ $\underline{\dot{1}\ 3}$ $\underline{\dot{1}\ 6}$ 0 | $\underline{\dot{1}\ 3}$ $\underline{3\ 5}$ 6 $\underline{5\ 6.}$ $\underline{5\ 6}$ $\dot{1}$ 6. |
若　有 人 知／春 去　处，　唤 取 归 来／同　住。

6 $\underline{5\ 6.}$ $\dot{1}$ $\underline{\dot{1}\ 3}$ 0 $\underline{5\ 6\ 6}$ - 6 5. | $\underline{5\ 6}$ $\dot{1}$ - $\underline{\dot{1}\ 3}$ $\underline{3\ 5}$ 6 $\underline{5\ 6.}$ 6 5. |
春无／踪迹　谁　知？　除非／问 取 黄　鹂。

$\underline{3\ 5}$ 0 $\underline{\dot{1}\ 3}$ $\underline{5\ 6}$ $\underline{6\ \dot{1}.}$ $\underline{5\ 6}$ $\underline{3\ 5.}$ | 6 6 - $\dot{1}$ $\underline{\dot{1}\ 3}$ $\underline{5\ 6\ 6}$ - 6 5. ‖
百　啭 无 人／能　解，　因 风／飞 过 蔷　薇。